中外传世格言

高 姗 编著

吉林人民出版社

图书在版编目(CIP)数据

中外传世格言 / 高姗编著. -- 长春：吉林人民出版社，2012.4
（青少年常识读本．第1辑）
ISBN 978-7-206-08803-2

Ⅰ.①中… Ⅱ.①高… Ⅲ.①格言–汇编–世界–青年读物②格言–汇编–世界–少年读物 Ⅳ.①H033-49

中国版本图书馆CIP数据核字(2012)第068101号

中外传世格言
ZHONGWAI CHUANSHI GEYAN

编　　著：高　姗
责任编辑：刘子莹　　　　　　封面设计：七　洱
吉林人民出版社出版 发行（长春市人民大街7548号 邮政编码：130022）
印　　刷：北京市一鑫印务有限公司
开　　本：670mm×950mm　　1/16
印　　张：13　　　　　　　　字　　数：150千字
标准书号：ISBN 978-7-206-08803-2
版　　次：2012年7月第1版　　印　　次：2021年8月第2次印刷
定　　价：45.00元

如发现印装质量问题，影响阅读，请与出版社联系调换。

目录 CONTENT 1

爱国	001
爱情	005
财富	016
成功	019
聪明	023
道德	027
读书	038
奋斗	047
工作	050
机遇	053
嫉妒	057
骄傲	060
教育	062
节俭	067
科学	069
快乐	074
劳动	079
理想	083
命运	090
逆境	099
勤勉	105
青春	108
情感	111
人生	117
人性	140
荣誉	143
善恶	147

目录 CONTENT 2

审美 150
失败 154
时间 155
事业 163
思想 166
死亡 170
天才 175
痛苦 179
文明 183
希望 184
信念 189
信仰 193
行动 197
幸福 198

爱 国

　　谁不属于自己的祖国，他就不属于人类。——海涅

◎爱国的人，把其根深植在本能以及情操里。国家之爱，乃是亲人之爱的扩大延长。［费希特］

　◎爱国是文明人的首要美德。［拿破仑］

　◎爱国者总说为国家而牺牲，从来不说为国家去杀戮。［罗素］

◎爱国主义的力量多么伟大呀！在它面前，人的爱生之念、畏苦之情，得了什么呢！在它面前，人本身也算得了什么呢！［车尔尼雪夫斯基］

◎爱国主义就是千百年来固定下来的对自己祖国的一种最深厚的感情。

［列宁］

◎爱自己的祖国。这就是说，要渴望祖国能成为人类思想的体现，并尽自己的力量来促进这一点。［加里宁］

　◎爱祖国高于一切。［肖邦］

　◎不要问你的祖国能为你做什么；要问你能为你的祖国做什么。［肯尼迪］

◎常思奋不顾身，而殉国家之急。［司马迁］

◎聪明的旅行者，永远不轻视自己的国家。［哥尔多尼］

◎对于人和国民来说，最伟大最神圣的东西是自己的祖国。［哈里斯］

◎苟利国家生死以，岂因祸福避趋之？［林则徐］

◎国耻未雪，何由成名？［李白］

◎国家高高地站在自然生命之上，正好与精神高高地站在自然界之上一样。因此，人们必须崇敬国家。［罗格尔］

◎国家有大事时，倘能以一死而有益于国，其谁惜牺牲此生命乎？［西塞罗］

◎国破山河在。［杜甫］

◎恨不抗日死，留作今日羞。国破尚如此，我何惜此头。［吉鸿昌］

◎假如我是有一些能力的话，我就有义务把它献给祖国。［林奈］

◎金瓯已缺总须补，为国牺牲敢惜身！［秋瑾］

◎锦绣河山收拾好，万民尽做主人翁。［朱德］

◎捐躯赴国难，视死忽如归。［曹植］

◎科学是没有国界的，因为它是属于全人类的财富，是照亮世界的火把，但学者属于祖国。［巴斯德］

◎力求对本人和国家作出最荣耀的行为，是一种完全正确和高尚的行为。［柏拉图］

◎了却君王天下事，赢得生前身后名。［辛弃疾］

◎瞒人之事弗为，害人之心弗存，有益国家之事虽死弗避。［吕坤］

◎没有再比对祖国的命运、对亲人的命运无动于衷和丧尽天良的人更危险的了。［谢德林］

◎没有祖国，就没有幸福。每个人必须植根于祖国的土壤里。[屠格涅夫]

◎每一个伟大人物的历史意义，是以他对祖国的功勋来衡量的，他的人品是以他的爱国行为来衡量的。[车尔尼雪夫斯基]

◎民有、民治、民享的国家之政府，将不会从这个地球上消亡。

[林肯]

◎民主国家之人民，皆有爱国之念与自重之心。[孟德斯鸠]

◎热爱自己的祖国是理所当然的事。[海涅]

◎人类最高的道德是什么？那就是爱国心。[拿破仑]

◎人们不能没有面包而生活；人们也不能没有祖国而生活。[雨果]

◎人民不仅有权爱国，而且爱国是个义务，是一种光荣。[徐特立]

◎如果我有十一个儿子，我愿十一个为国家而死，不愿有一个饱食终日，无所事事。[莎士比亚]

◎世界上最伟大的美德是爱祖国。[鲍特夫]

◎所谓爱国心，是指你身为这个国家的国民，对于这个国家，应当比对其他一切国家的感情更深厚。[萧伯纳]

◎天下兴亡，匹夫有责。[顾炎武]

◎王师北定中原日，家祭勿忘告乃翁。[陆游]

◎为国捐躯才最为光荣。[拜伦]

◎为了民族，为了全人类，人人都会一百次地把生命献上。[聂鲁达]

◎为祖国而死，那是最美的命运啊！［大仲马］

◎唯有民魂是值得宝贵的，唯有它发扬起来，中国才有真进步。［鲁迅］

◎未成报国惭书剑，岂不怀归畏友朋。［苏轼］

◎我愿用我全部的生命从事科学研究，来贡献给生育我、栽培我的祖国和人民。［巴甫洛夫］

◎我爱我的祖国，爱我的人民，离开了它，离开了他们，我就无法生存，更无法写作。［巴金］

◎我们爱我们的民族，这是我们自信心的泉源。［周恩来］

◎我们波兰人，当国家遭到奴役的时候，是无权离开自己的祖国的。
　　　　　　　　　　　　　　　　　　　　　　　　　［居里夫人］

◎我们要把心灵里的美丽的激情献给祖国。［普希金］

◎我是炎黄的子孙，理所当然地要把所学到的知识，全部献给我亲爱的祖国。［李四光］

◎我是中国人民的儿子。我深情地爱着我的祖国和人民。［邓小平］

◎我死国生，我死犹荣，身虽死精神长生，成功成仁，实现大同。
　　　　　　　　　　　　　　　　　　　　　　　　　　［赵博生］

◎我唯一的遗憾是：我只有一个生命为我的国家牺牲。［赫尔］

◎我越观光别的国家，我越爱自己的国家。［司汤达］

◎我赞美祖国的现在，我三倍地赞美祖国的将来。［马雅可夫斯基］

◎闲居非吾志，甘心赴国忧。[曹植]

◎要尽可能做一个对祖国有用的人。[列夫·托尔斯泰]

◎夜视太白收光芒，报国欲死无战场！[陆游]

◎一个人只有把自己的事业和祖国的事业联系起来，才能有所进步，才能有所作为。[何塞·马蒂]

◎一个真正热爱祖国的人，在各个方面都是一个真正的人。

[苏霍姆林斯基]

◎一身报国有万死，双鬓向人无再青。[陆游]

◎以身许国，何事不敢为？[岳飞]

◎有一种荣誉——堪称罕见的最高荣誉，即：为祖国利益不怕危险，不惜捐躯。[培根]

◎只有热爱祖国，痛心祖国所受的严重苦难，憎恨敌人，这才给了我们参加斗争和取得胜利的力量。[阿·托尔斯泰]

◎祖国更重于生命，是我们的母亲，我们的土地。[聂鲁达]

爱　情

爱像发高烧，它的来去均不受意志的制约。

——司汤达

◎爱别人，也被别人爱，这就是一切，这就是宇宙的法则。为了爱，我们才生存。[彭沙尔]

◎爱得愈深，苛求得愈切，所以爱人之间不可能没有意气的争执。

[劳伦斯]

◎爱的继续像一把神奇的钥匙，可以打开被爱者心灵的迷宫。

[瓦西列夫]

◎爱就是充实了的生命，正如盛满了酒的酒杯。[契诃夫]

◎爱情不仅不能买卖，而且金钱是必然会枪杀爱情的。[卢梭]

◎爱情不仅会占领开旷坦阔的胸怀，有时也能闯入壁垒森严的心灵。

[培根]

◎爱情的欢乐虽然是甜美无比，但只有在光荣与美德存在的地方才能生存。

[古尔内尔]

◎爱情的魅力就在于它的神秘性和自发性，它不问缘由，不顾一切，不计利害。[瓦西列夫]

◎爱情的寿命与钟情者持续的时间的长短是相等的。[扎采宾]

◎爱情和友谊都是互相响应的回声，因为两者只是发出它们所取得的声音。

[赫尔岑]

◎爱情就如在银行里存一笔钱，能欣赏对方的优点，这是补充收入；容忍缺点，这是节制支出。[沈君山]

◎爱情能减少女人的文弱，增加男人的勇气。[李斯特]

◎"爱情"实在是"愚蠢"的儿子。[培根]

◎爱情是不按逻辑发展的,所以必须时时注意它的变化。爱情更不是永恒的,所以必须不断地追求。[柏杨]

◎爱情是聪明的大自然为每个生命制造的一种甜蜜的骗局,为的是传宗接代。[扎采宾]

◎爱情是两个人的利己主义。[拉萨尔]

◎爱情是没有悲剧的,唯有缺乏爱情才是悲剧。[泰丝嘉]

◎爱情是所有幸福之冠。[弥尔顿]

◎爱情是没有预约的,环境可以促成你的爱情,可以拆散你的爱情。[亚尔培]

◎爱情是人类所有感情中最复杂微妙而强烈的一种。[巴伦]

◎爱情是人性的自由表露的形式,是生活隐秘领域中美好和高尚、理性和善良的观念的实际体现。[瓦西列夫]

◎爱情是所有人类感情中最脆弱的一环。[培根]

◎爱情是一位伟大的导师,它教我们重新做人。[莫里哀]

◎爱情是用幻想刺绣出来的天然的画布。[福尔特尔]

◎爱情是指一个光明的字,被一只光明的手写在一张光明的册页上。
[纪伯伦]

◎爱情往往是结婚的果实。[莫里哀]

◎爱情像麻疹,在生命中来之过迟是很坏的。[泽洛德]

◎爱情要达到完满境界，就必须联系到全部意识，联系到全部见解和旨趣的高贵性。[黑格尔]

◎爱情与咳嗽一样，是无法隐瞒的。[浮杜]

◎爱情在法国是一幕喜剧，在英国是一幕悲剧，在意大利是一幕歌剧，在德国是一幕闹剧。[布莱克]

◎爱情——这不是一颗心去敲打另一颗心，而是两颗心共同撞击的火花。[伊萨可夫斯基]

◎爱情正像一首好歌，可是编好一首好歌却不容易。[施企巴乔夫]

◎爱神固然常常造访亭台楼阁，不过对于茅屋陋室也并不是拒绝降临。

[薄伽丘]

◎爱是"给予"，而不是"接受"。[弗洛姆]

◎爱是比责任感更好的老师。[爱因斯坦]

◎爱是个人价值在他人身上的反映。[爱德门]

◎爱是人类唯一美丽的装饰品。[莎士比亚]

◎爱是使生命从善或从恶的岔路口。[今道友信]

◎爱是世界上最宝贵的财富，得到它的人，将享乐无穷。[所罗门]

◎爱是一种甜蜜的痛苦。[莎士比亚]

◎爱是宜人的，恨则是令人烦恼的。[亚当·斯密]

◎爱突破了时间的威力,使未来和过去永远结合。[穆勒]

◎爱有如宿在花冠上的露珠儿,宿在清纯心灵的深处。[拉姆奈]

◎别以为某人会用笔尖挑开你的爱之门扉,也许他是在寻求他自己的生活情趣。[杨格]

◎不但要用眼睛,也要用耳朵去选择爱人。[柏拉图]

◎不论在任何国度,恋爱在人的心目中都是热带。[毕耶尔]

◎不能摆脱是人生的苦恼根源之一,恋爱尤其如此。[塞涅卡]

◎不能使你发奋的爱,不如不爱。[拿破仑]

◎不能只为了爱——盲目的爱,而将别的人生的要义全盘疏忽了。
[鲁迅]

◎初恋,在现实中虽没有结果,但在回忆中它却是朵不凋谢之花。
[白石浩一]

◎初恋不过是少许的愚蠢和大量的好奇心而已。[萧伯纳]

◎初吻并不能当做永久相爱的保障,但它却是盖在生命史上的一个永久记忆的印章。[拜伦]

◎打算讨老婆的男人,应有如下的觉悟:权利将减半,义务将倍增。
[汤川秀树]

◎当爱情之舟被推翻以后,我们应当友好地分手,说一声:"再见!"
[莎士比亚]

◎当爱神拍你的肩膀时,就连平日不知诗歌为何物的人,也会在突然之间变成一个诗人。[柏拉图]

◎当你恋爱错误时，你必须用理智去反省，不可再迷惑，徒增烦恼。

[海格]

◎当我们爱别人的时候，也希望别人爱我们。[卢梭]

◎得成比目何辞死，愿作鸳鸯不羡仙。[卢照邻]

◎对终身伴侣的要求，正如对人生一切的要求一样，不能太苛刻。

[傅雷]

◎烦恼和死都不会威胁到我们的灵魂，我们体会到必须爱得更深。

[海塞]

◎关于爱，我们可以说，越纯洁，越含蓄。[哈代]

◎观察一个人，最好观察他怎样恋爱。[高尔斯华绥]

◎婚姻的爱，使人类延续不绝；朋友的爱，使人类达到更全美的境界；淫秽的爱，则使人类败坏堕落。[爱默生]

◎假如你并不把恋爱视为游戏，那么首先你就不要让自己做了别人游戏的工具。[毛姆]

◎建立在美貌基础上的爱情，会和美貌一样很快消失。[多恩]

◎经济为条件，就失去了相爱的本意。[苏格拉底]

◎唠叨是爱情的坟墓。[卡耐基]

◎恋爱必像狡兔，若即若离，半推半就，才是引诱猎人追随不舍的好方法。

[毛姆]

◎恋爱不是慈善事业，所以不能随便施舍。[萧伯纳]

◎恋爱和猜忌是永不交谈的。[纪伯伦]

◎恋爱绝不是一种甜蜜的东西，而是一种需要特别忍耐的苦恼的连续。
[王尔德]

◎恋爱能使生命燃烧，使生活充实。[歌德]

◎恋爱是伴随外在因素的观念而带来的一种快感。[斯宾诺莎]

◎恋爱是对异性美所产生出来的一种心理上的燃烧的感情。[萧伯纳]

◎恋爱是决斗，顾左右就会遭到败北，你要凝视在你前面的对方的眼睛。
[罗曼·罗兰]

◎恋爱是青春期开放出的一朵情绪之花。[拜伦]

◎恋爱是指男女在一生当中，最丧失了理智的状态。[赛珍珠]

◎恋爱是自我陶醉和希望之间的斗争。[司汤达]

◎恋爱有四种类型：热情之恋、趣味之恋、肉体之恋、虚荣之恋。
[司汤达]

◎恋爱中止后，不说对方的坏话，也是一种道德。[国分康孝]

◎没有爱是寂寞的，没有恨也是寂寞的。[培根]

◎没有爱之光辉的人生，是没有丝毫价值的。[席勒]

◎没有美的爱，犹如没有饵的钓竿。[爱默生]

◎没有一种激情比善良的爱情更能激发我们向往高尚和慷慨事物的心情了。

[艾弗蒙]

◎每个人的一生中,爱情女神都来敲过门,可是许多人竟在邻室里听不见她。[马克·吐温]

◎每一个陷于爱情中的男女,都是一个勇敢的兵士。[奥维德]

◎美妇人愉悦人的眼,贤妇人愉悦人的心。[拿破仑]

◎男人在天性上,恋爱时是善变的,女性则倾向不变。[叔本华]

◎你能用金钱买来的爱情,别人也能用金钱将它买去。[彭斯]

◎女人的爱,有如橡皮,你越爱她,她拉得越长。[惠特曼]

◎贫贱之交不可忘,糟糠之妻不下堂。[班固]

◎青年男女的恋爱,事先应要求严谨,事后应互相宽容。[福楼拜]

◎青年人的爱情似火焰,美丽、轻浮而跳动;老年人的爱情似煤火,蕴热而易熄灭。[爱默生]

◎青年人对于爱情,要提得起,放得下,那才是一个智者。[西塞罗]

◎青年人无法无天,玩弄爱情;中年人食髓知味,追求爱情;老年人寂寞无聊,回忆爱情。[秋田雨雀]

◎求爱的人比被爱的人更加神圣,因为神在求爱的人那儿,不在被爱的人那儿。[托马斯·曼]

◎人和人之间,没有爱以外的财产。[奥维巴哈]

◎人类的爱则是心灵和肉体、智慧和思想、幸福和义务的结合。

[苏霍姆林斯基]

◎人生是花，而爱便是花的蜜。［雨果］

◎如果说只有爱情为基础的婚姻才是合乎道德的，那么也只有继续保持爱情的婚姻才合乎道德。［恩格斯］

◎如果一个人把生活兴趣全部建立在爱情那样暴风雨般的感情冲动上，那是会令人失望的。［居里夫人］

◎若是为女人而沉湎于情网不能自拔，对于自己是一笔损失。
［屠格涅夫］

◎神圣的爱，是远离文字和理论的。［夏目漱石］

◎生命诚可贵，爱情价更高。若为自由故，二者皆可抛。［裴多菲］

◎失掉母爱最可怜，失掉妻爱最凄凉，失掉友爱最孤单。［左拉］

◎世界上任何钢索与巨缆都没有爱情的两条线牵引与固定得更紧更有力。［柏顿］

◎世上没有什么东西能像爱情那样鼓起年轻人的勇气。［左拉］

◎谁要失足在爱情的陷阱中，他应该力图拔出脚来，以免把翅翼缠住。
［布鲁诺］

◎为利己而生的爱，不是真爱，而是一种私欲。［爱德门］

◎吻是爱情的契约之印。［莎士比亚］

◎吻是灵魂与灵魂相遇在爱人的嘴唇上。［雪莱］

◎吻是一个对嘴诉说而代替向耳朵倾吐秘密的东西。［罗斯金］

◎我从恋爱中归纳出一句箴言：既得之后是命令，未得之前是请求。
［莎士比亚］

◎我告诉你憎恨什么：憎恨虚伪，憎恨假仁假义，憎恨偏执、压迫与不平。［罗伯逊］

◎我们的自欺，在陷入恋爱时才做得彻底。［芥川龙之介］

◎我们每个人都曾被爱我们的人塑造和再塑造过，只要他们稍微有些恒心，我们便成了他们的作品。［莫里亚克］

◎我们能爱恨我们的人，但无法爱我们恨的人。［列夫·托尔斯泰］

◎无度的淫爱，则使人败坏并卑贱。［培根］

◎炫耀阔绰是恋爱生活中的一种轻薄行为，有头脑的女子绝不会喜欢这样的男人。［泰勒］

◎一个青年男子恋爱的第一征象是柔顺，而一个女子却是勇敢。
［巴尔扎克］

◎一个有理智的人恋爱时，可能像一个狂人，但他绝不会像一个傻子。
［罗休夫柯］

◎一切男人都需要某种东西来提高他们的本性，这东西就是：爱慕一个可敬的女子。［里士比尔］

◎一切真正伟大的人物，没有一个是因爱而发狂的人。因为伟大的事业抑制了这种软弱的感情。［培根］

◎一种真心的爱慕发出的时候，常常激起别人爱慕。［但丁］

◎以恨还恨，恨永远存在；以爱还恨，恨自然消失。［释迦牟尼］

◎因结婚而产生的爱，造出儿女；因友情产生的爱，造就一个人。
［培根］

◎永远不能复合的，往往不是那些在盛怒之下分开的情人，而是那些在友谊的基础上分开的情人。[哈代]

◎用物质供奉的爱情，当你停止给予时，它就快消失了。[富勒]

◎友谊可能、而且常常发展成爱情，但是爱情却永远不会下降为友谊。
[拜伦]

◎与其永远得不到爱情，毋宁得到爱情再失去。[乔治·桑]

◎在爱情和性爱中比在任何其他关系中，人的本性显露得更充分。
[辛格]

◎在体会爱情以前，女人还算不得女人，男人也算不得男人。
[史密斯]

◎在天愿作比翼鸟，在地愿为连理枝。[白居易]

◎在我们所有的感情中，最令人迷惑与神魂颠倒的，就是爱情与嫉妒。
[卢梭]

◎在一时"情欲"驱使下的那种"一见钟情"的爱情，最终往往会毁灭了爱情本身，导致无穷的痛苦。[莫泊桑]

◎在永恒的爱的熏陶下，自私者能变为慷慨，怯懦者变成勇敢，放荡的女人变为容忍与勤俭的贞妇。[肖邦]

◎这世界要是没有爱情，它在我们心中还会有什么意义？这就如一盏没有亮光的走马灯。[歌德]

◎真正的爱情能够鼓舞人，唤醒他内心沉睡着的力量和潜藏着的才能。
[薄伽丘]

◎真正的爱情始终使人向上。[小仲马]

◎真正的爱情是双方互相"无条件投降"。[福洛贝]

◎真正的爱情像美丽的花朵,它开放的地面越是贫瘠,看来越格外耀眼。[巴尔扎克]

◎真挚而纯洁的爱情,一定渗有对心爱的人的劳动和职业的尊重。

[邓颖超]

◎整个人生,就是寻找"爱"的漫长旅程,在恋爱中,唯有尊重对方,才能得到真爱。[藤本义一]

◎只有爱的女神能平息恋人的负气。[德谟克利特]

◎只有爱给你解开不死之谜。[费尔巴哈]

◎只有爱情才是神圣的,婚姻和爱情毫无共同之处;婚姻是法律,而爱情则是本能。[莫泊桑]

◎最芬芳的花蕾中有蛀虫,最聪明的心里,也同样会埋伏着蛀蚀心灵的爱情。[莎士比亚]

◎最热烈的恋爱,会有最冷漠的结局。[苏格拉底]

财 富

把金钱当上帝,金钱就会像魔鬼一样来整治你。

——菲尔丁

◎财产可能为你服务，但也可能把你奴役。[贺拉斯]

◎财产越丰，受其奴役性越大。[塞涅卡]

◎财富就像海水：你喝得越多，你就越感到渴。[叔本华]

◎财富日益增加，忧虑亦随之增多。[贺拉斯]

◎财富是奢侈懒惰之源，贫穷是无耻与罪恶之母；二者皆不知足。
　　　　　　　　　　　　　　　　　　　　　　　　[柏拉图]

◎聪明人应该把钱放在心里，而不放在嘴上。[罗素]

◎负债使自由人沦为奴隶。[培根]

◎富人只有在病中时，才会充分感觉到钱财的无能。[科尔顿]

◎构成罪恶根源的东西并非金钱，而是对金钱的爱。[斯迈尔斯]

◎关于黄金：有了它，一个人就处于恐惧中，没有它，就处于忧愁中。
　　　　　　　　　　　　　　　　　　　　　　　　[约翰生]

◎黄金使弟兄们仇恨；黄金使家庭间争吵；黄金使朋友们分散；黄金使
　内战爆发。[科里]

◎金钱不是目的，而只是达到目的的一种手段。[撒切尔夫人]

◎金钱和时间是人生最沉重的两样负荷。[约翰生]

◎金钱买不到灵魂所需要的东西。[梭罗]

◎金钱能推动世界旋转。[贺拉斯]

◎金钱是好的仆人，却是不好的主人。[培根]

◎金钱是品德的行李，是走向美德的一大障碍；因财富之于品德，正如军队与辎重一样，没有它不行，有了它又妨碍前进，有时甚至因为照顾它反而丧失了胜利。[培根]

◎金钱是深刻无比的东西，它背后的故事，多于爱情。[三毛]

◎金银财宝皆容易丧失，只有手艺才是永恒的财富。[萨迪]

◎贫穷不会磨灭一个人高贵的品质，反而是富贵叫人丧失了志气。
[薄伽丘]

◎钱财并不属于拥有它的人，而只属于享用它的人。[富兰克林]

◎钱是被铸造的自由。[陀思妥耶夫斯基]

◎钱是魔鬼，所有给别人钱的人也是在做坏事。[列夫·托尔斯泰]

◎人类的劳动是唯一真正的财富。[法朗士]

◎少数人有钱是假富，要多数人有钱才是真富。[孙中山]

◎世间物质能够满足人的需要，却不能满足人的贪婪。[甘地]

◎世上的喜剧不需金钱就能产生，世上的悲剧大半和金钱脱不了关系。
[三毛]

◎我们的钱财常是我们自己的陷阱，而同时又是对别人的一种诱惑。
[科尔顿]

◎我们手里的金钱是保持自由的一种工具，我们所追求的金钱，则是使自己当奴隶的一种工具。[卢梭]

◎我以为，勤劳是得到财富和名声的方法。[富兰克林]

◎勿把信誉置于金钱中，要把金钱置于信誉里。[霍姆斯]

◎一个人的真正财富，是他在这个世界上的所做的善事。[穆罕默德]

◎在富人的想象里，财富是一座坚强的堡垒。[培根]

◎债权人比债务人记性好。[富兰克林]

◎装进钱包里的不一定都是收益。[斯特恩]

成　功

只有在字典里，成功才出现在工作之前。
——布里斯班

◎本来无望的事，大胆尝试，往往能成功。[莎士比亚]

◎不断地奋斗，就是走上成功之路。[孙中山]

◎不干，固然遇不着失败，也绝对遇不着成功。[邹韬奋]

◎不经过一番焦虑，不费过一番苦心，什么也赢不到。[狄更斯]

◎不能超过师傅的徒弟是不幸的。[达·芬奇]

◎不热烈勇敢地希求成功，而能取得成功的，天下绝无此理。
[拿破仑]

◎不管别人是否比你更聪明、更伟大、成就更高，只要你尽量发挥你自己的天赋专长，你自会有属于你自己的成就。[罗兰]

◎不要努力成为一个成功者，要努力成为一个有价值的人。

[爱因斯坦]

◎不要问成功的秘诀何在，尽全力去做你该做的事吧。[华纳梅格]

◎不应当急于求成，应当去熟悉自己的研究对象，锲而不舍，时间会成全一切。[莎士比亚]

◎成功并不是黄金可以堆成的，也不是震撼世界的名声所能砌成的。

[莫泊桑]

◎成功的花，人们只惊羡它的明艳，然而当初的芽儿浸透了奋斗的泪泉，洒遍了牺牲的血雨。[冰心]

◎成功的快乐在于一次又一次对自己的肯定，而不在于长久满足于某件事情的完成。[罗兰]

◎成功的秘诀，是在养成迅速去做的习惯，要趁着潮水涨得最高的一刹那，非但没有阻力，并且能帮助你迅速成功。[劳伦斯]

◎成功的秘诀是在于恒心。[迪斯累里]

◎成功的秘密在于随时准备把握时机。[迪斯累里]

◎成功毫无技巧可言，只不过是对工作尽力而为。[卡耐基]

◎成功是结果，并不是目的。[福楼拜]

◎成功之道无他，唯悉力从事你的工作，而不稍存沽名钓誉之心。

[朗费罗]

◎成事不说，遂事不谏，既往不咎。[孔子]

◎春天不播种，夏天就不生长，秋天就不能收割，冬天就不能品尝。
　　　　　　　　　　　　　　　　　　　　　　　　　　　[海涅]

◎短时期的挫折比短时间的成功好。[毕达哥拉斯]

◎对于成功的坚信不疑，时常会导致真正的成功。[弗洛伊德]

◎多数人在人潮汹涌的世间，白白挤了一生，从来不知道哪里才是他所想要到达的地方，而有目标的人却始终不忘记自己的方向，所以他能打开出路，走向成功。[罗兰]

◎凡百事之成也，必在敬之；其败也，必在慢之。[荀子]

◎凡事开始最难，然而更难的是何以善终。[莎士比亚]

◎功成身退，天之道。[老子]

◎古之君子，其过也如日月之食，民皆见之，及其更也，民皆仰之。
　　　　　　　　　　　　　　　　　　　　　　　　　　　[孟子]

◎假如你认为能够，你便能够；假如你认为你不能够，你便不能够。
　　　　　　　　　　　　　　　　　　　　　　　　　　　[戴维斯]

◎假如只准备成功而不准备失败，当失败时就会来不及了。[罗兰]

◎良好的开端，等于成功一半。[柏拉图]

◎论事易，做事难；做事易，成事难。[苏轼]

◎每一个人都多多少少有点惰性。一个人的意志力量不够推动他自己，他就失败。谁最能推动自己，谁就最先得到成功。[罗兰]

◎谋度于义者必得，事因于民者必成。[晏子]

◎努力不懈的人，会在人们失败的地方获得成功。[海格门斯顿]
◎拼命去取得成功，但不要期望一定会成功。[法拉第]

◎任何成功都是在竭尽全力之后取得的。[西德尼]

◎日计之无近功，岁计之有大利。[李白]

◎容易成功和难于成功同样能刺激人的愿望。[巴尔扎克]

◎如果你问一个善于溜冰的人怎样获得成功时，他会告诉你："跌倒了，爬起来。"这就是成功。[牛顿]

◎如果你要获得成功，就应当以恒心为友，以经验为顾问，以耐心为兄弟，以希望为守护者。[爱默生]

◎生活中，最成功的人，通常是获得最佳信息的人。[迪斯累里]

◎胜利者往往是从坚持最后五分钟的时间中得来成功。[牛顿]

◎事求遂，功求成。[王安石]

◎事以密成，语以泄败。[韩非子]

◎我成功，因为志在要成功，我未尝踌躇。[拿破仑]

◎我决不相信，任何先天的或后天的才能，可以无需坚定地苦干而得到成功。[狄更斯]

◎为了不损及莫大的成功，神不能不掺进一滴苦涩的味儿。[希尔提]
◎要想成功，你必须自己制造机会，绝不能愚蠢地坐在路边，等待有人经过，邀请你同往财富与幸福之路。[歌德]

◎一分钟的成功，付出的代价却是好些年的失败。[勃朗宁]

◎一个目标达到之后，马上立下另一个目标，这是成功的人生模式。

[卡耐基]

◎一个勇士的成功常常会激励一代人的勤勉和勇敢。[茨威格]

◎一个获得成功的人,从他的同胞那里所取得的,总是无可比拟地超过他对他们所作的贡献。[爱因斯坦]

◎一件事情,一旦开始了,非达结果不要罢休。[莎士比亚]

◎在一个崇高的目的支持下,不停地工作,即使慢,也一定会获得成功。[爱因斯坦]

◎在这个世界上,取得成功的人是那些努力寻找他们想要的机会的人,如果找不到机会,他们只有经过长时间完成其发展的艰苦工作,并长期埋头沉浸于其中的任务,方可望有所成就。[黑格尔]

◎自信是成功的第一秘诀。[爱默生]

◎最困难的时候,就是我们离成功不远了。[凯撒]

◎最利的锋刃是在最钝的石头上磨出来的。[黎里]

◎最有希望的成功者,并不是才干出众的人,而是那些最善于利用每一时机去发掘开拓的人。[苏格拉底]

聪　明

聪明人是不会把所有的鸡蛋都放在一个篮子里的。
——塞万提斯

◎不管一切如何,你仍然要平静和愉快。生活就是这样,我们也就必须这样对待生活，要勇敢、无畏、含着笑容地不管一切如何。

[卢森堡]

◎趁年轻少壮去探求知识吧，它将弥补由于年老而带来的亏损。

[达·芬奇]

◎聪明才智不在于知识渊博。我们不可能什么都知道。聪明才智不在于尽量地多知道，而在于知道最必要的东西，知道哪些东西不甚需要，哪些东西根本不需要。[列夫·托尔斯泰]

◎聪明的年轻人以为，如果承认已经被别人承认过的真理，就会使自己丧失独创性，这是极大的错误。[歌德]

◎聪明人并不是无论何时都聪明。[爱默生]

◎聪明人的特点有三：一是劝别人做的事自己去做，二是决不去做违背自然界的事，三是容忍周围人们的弱点。[列夫·托尔斯泰]

◎聪明人看到别人的毛病，就把自己的毛病改过来了。[普卜利西尔]

◎聪明人肯舍弃金钱，以保全性命。[伊索]

◎聪明人依赖傻瓜甚于傻瓜依赖聪明人，聪明人常从万物中有所感悟，因为他所得到的才能是从一切事物中汲取的精华。[罗斯金]

◎大自然让聪明人和傻瓜一样拥有幻想和错觉，以便不使聪明人因独具的智慧而过于不幸。[尚福尔]

◎多诈的人藐视学问，愚鲁的人羡慕学问，聪明的人运用学问。

[培根]

◎进行统治的不是聪明的人，而是聪明本身；不是干练的人，而是干练本身。[歌德]

◎你聪明外露，祈祷上帝让你纠正这种错误吧。[查尔斯·兰姆]

◎人在智慧上、精神上的发达程度越高，人就越自由，人生就越能获得莫大的满足。[契诃夫]

◎荣誉和财富，若没有聪明才智，是很不牢靠的财产。[德谟克利特]

◎如果聪明而知理的人，在老年竟然轻视起知识来，那仅仅是因为他对知识和对他自己都要求过高。[歌德]

◎如果你聪明的话，你会了解自己的无知；如果你认识不到这一点，就是愚昧。[卢梭]

◎如果一个聪明人干了一件蠢事，那就不会是一件小小的蠢事。

[歌德]

◎傻子自以为聪明，但聪明人知道自己是个傻子。[莎士比亚]

◎时时刻刻聪明过人，这滋味并不好受，就像是置身于一种永恒的葬礼之中。[劳伦斯]

◎下棋找高手，弄斧到班门，这是我一生的主张，只有不怕在能者面前暴露自己的弱点，才能不断前进。[华罗庚]

◎一个聪明人发现，差不多每样事物都是可笑的，而一个老于世故的人发现，几乎没有什么事物是可笑的。[歌德]

◎一个杰出人物受到一伙傻瓜的赏识，是可怕的事。[歌德]

◎一个人不能骑两匹马，骑上这匹，就要丢掉那匹。聪明人会把凡是分散精力的要求置之度外，只专心致志地去学一门，学一门就要把它学好。[歌德]

◎一个人要想在这个世界上成功，他必须表现得像个傻瓜，但却很聪

明。[孟德斯鸠]

◎有些人甚至在变聪明之前，就已通过装傻显示出来某种才能。[利希滕贝格]

◎真正的高明，不是不犯错误，而是能由自我批评中达到高明。不肯自我批评的人，永远不会真正高明。[谢觉哉]

◎知道隐藏自己的精明是一种巨大的精明。[拉罗什富科]

◎在同伴面前，切不可显得你比别人聪明博学。[切斯特菲尔德]

◎在一切日常琐事上，聪明不在于知道应该做什么，而在于知道应该先做什么，后做什么。[列夫·托尔斯泰]

◎智慧乃是老年的精神养料，所以年轻时应该努力，这样年老时不致空虚。[达·芬奇]

◎智者从他的敌人那儿学到知识。[阿里斯托芬]

◎智者和愚人都没有害，最危险的倒是智愚参半。[歌德]

◎智者宁可防病于未然，不可治病于已发；宁可努力克服痛苦，免得为了痛苦而寻求慰藉。[托马斯·摩尔]

◎智者是为获得最大成就的人保留的称号。[塞涅卡]

◎自以为聪明的人往往是没有好下场的。世界上最聪明的人是最老实的人，因为只有老实人才能经得起事实和历史的考验。[周恩来]

◎走向疯狂的第一步就是自以为聪明。[费尔南多·德·罗哈斯]

道 德

道德是永存的，而财富每天在更换主人。

——普鲁塔克

◎傲不可长，欲不可纵，乐不可极，志不可满。[魏徵]

◎傲慢的人不会成长，因为，他不会喜欢严重的忠告。[卡耐基]

◎不能凭最初印象去判断一个人。美德往往以谦虚镶边，缺点往往被虚伪所掩盖。[布吕耶尔]

◎才能可在孤独中培养；品格最好还是在世界的汹涌波涛中形成。

[歌德]

◎才者，德之资也；德者，才之帅也。[司马光]

◎扯谎是万恶之首。[诺贝尔]

◎诚实和勤勉，应该成为你永久的伴侣。[富兰克林]

◎诚实是格言的第一章。[杰弗逊]

◎诚实是灵魂的面孔，虚伪是假面具。[罗曼·罗兰]

◎诚实是人生的命脉，是一切价值的根基。[德莱塞]

◎耻不信，不耻不见信。[荀子]

◎崇高就是伟大心灵的回声。[朗基努斯]

◎楚兰生于深林，不以无人而不芳；君子修道立德，不以穷困而变节。

[子路]

◎粗俗之真话，胜于文饰的谎言。[蒙田]

◎大地上，赤子的最高幸福是人格。[歌德]

◎道德常常能填补智慧的缺陷，而智慧却永远填补不了道德的缺陷。
[但丁]

◎道德的阶段只有通过审美的阶段来发展。[席勒]

◎道德普遍地被认为是人类的最高目的，因此也是教育的最高目的。
[赫尔巴特]

◎道德中最大的秘密是爱。[雪莱]

◎德可以分为两种：一种是智慧的德，另一种是行为的德。前者是从学习中得来的，后者是从实践中得来的。[亚里士多德]

◎德行之力，十倍于身体之力。[拿破仑]

◎抵押了的田地，有一天可以把它赎回，但诚实一旦被押当，那就永无赎回的机会了。[米德尔顿]

◎地洼下，水流之；人谦下，德归之。[魏徵]

◎对骄傲的人不要谦逊，对谦逊的人不要骄傲。[杰弗逊]

◎对上级谦恭是本分；对平辈谦逊是和善；对下级谦逊是高贵；对所有的人谦逊是安全。[亚里士多德]

◎对一个人的评价，不可视其财富出身，更不可视其学问的高下，而是要看他真实的品德。[培根]

◎反省是一面莹澈的镜子，它可以照见心灵上的污点。[高尔基]

◎风趣即是高雅优良的德性。[雪莱]

◎奉承的话，比杀人的手还狠。[奥古斯丁]

◎感到自己渺小的时候，才是巨大收获的开头。[歌德]

◎高贵以美德为准。[塞万提斯]

◎过分地赞扬会变成阿谀。能够讨每个人喜欢的人是不能令人喜欢的。

[巴尔扎克]

◎好动与不满足是进步的第一必需品。[爱迪生]

◎好脾气是一个人在社交中所能穿着的最佳服饰。[都德]

◎衡量一个人的真正品德，是看他在知道没有人会发觉的时候做些什么。[孟德斯鸠]

◎谎言的繁殖一如蟾蜍：如果你说了一个，它背后一定将拖着成百个幼小者。[阿尔斯顿]

◎谎言就像雪团，它会越滚越大。[马丁·路德]

◎祸生于得意。[刘向]

◎假装相信说谎者本身也在说谎。[施尼茨勒]

◎骄傲是人类的原始罪恶。[斯威夫特]

◎骄傲与谦虚恰恰是相反的，可是它们有同一个对象，这个对象就是自我。[休谟]

◎狡猾是一种阴险邪恶的聪明。［培根］

◎理智一经运用，鄙夷就失败了。［梅瑞狄斯］

◎立身以不妄语为本。［曾国藩］

◎留给后代子孙的最佳遗产，是一个光明无瑕的品格。［温斯洛］

◎旅行使人变得谦虚。因为，它使你领悟，人在世界上所占的地位是多么的渺小。［福楼拜］

◎满招损，谦受益。［孔子］

◎没有诚实何来尊严？［西塞罗］

◎没有优于诚实之智慧。［费希特］

◎每个人的良心就是为他引航的最好向导。［司各特］

◎每一个人的虚荣心是和他的愚蠢的程度相等的。［波普尔］

◎每一个人都会开列出一张长长的清单，要求他的朋友应具备那些美德与良好品格，但却很少有人愿照着自己的清单去培养自己的品德。

［爱迪生］

◎美德大部分都包含在良好的习惯内。［贝利］

◎美德的小径是狭窄的，恶德的大道是宽阔的。［塞万提斯］

◎美德好比战场，我们要过美德的生活，要常常和自己斗争。［卢梭］

◎美德是健康，恶习是疾病。［彼特拉克］

◎美德是节俭的，但有些恶行也是节俭的。在自卑的身边，我发现，骄傲是一个相当好的伴侣。[爱默生]

◎美德是智力最高的证明。[约翰生]

◎美德是最稳固的东西，它永远不会被风雨摇动。[毕培哥尔斯]

◎美德像绮丽的宝石一样，如果镶嵌得淡雅，就显得更具风采。
[尼尔]

◎美德有许多说教者，但很少有殉道者。[爱尔维修]

◎美德有助于天才，作家为人愈好，愈能写出好作品。[杨格]

◎美丽的身材可以吸引真正的倾慕者，但是要持久地吸引他们，需要有美丽的灵魂。[科尔顿]

◎美是道德的象征。[康德]

◎默默者存。[班固]

◎能保有着高贵与正直，即使在财富地位上没有大收获，内心也是快乐和满足的。[罗兰]

◎能管住自己的舌头是最好的美德。[布德巴]

◎你不信任别人，别人也不会信任你。[诺贝尔]

◎你能在所有的时候欺瞒某些人，也能在某些时候欺瞒所有的人，但你不能在所有的时候欺瞒所有的人。[林肯]

◎你愈是少说你的伟大，我将愈想到你的伟大。[培根]

◎你越是多谈论自己的事情，就越像是在说谎。[王尔德]

◎念高危，则思谦冲而自牧；惧满盈，则思江海下百川。[魏徵]

◎拍马屁的人总会在我们的心里找到空子。[克雷洛夫]

◎品德，应该高尚些；处世，应该坦率些；举止，应该礼貌些。
　　　　　　　　　　　　　　　　　　　　　　　[孟德斯鸠]

◎品性是一个人的守护神。[赫拉克利特]

◎气忌盛，心忌满，才忌露。[吕坤]

◎谦虚是对不完善或有缺点的默认。[伯克]

◎谦虚是个人的美德。[艾森豪威尔]

◎谦逊，是那偏僻山崖中的泉眼，所有的崇高美德都是由此潺潺流出的。[莫尔]

◎谦逊是藏于土中甜美的根，所有崇高的美德由此发芽滋长。
　　　　　　　　　　　　　　　　　　　　　　　[苏格拉底]

◎谦逊是最高贵的克己功夫。[莎士比亚]

◎轻诺者，必寡信。[老子]

◎缺少谦虚就是缺少见识。[富兰克林]

◎让人觉得无知，往往是最大的睿智。[葛拉西安]

◎饶舌的人多虚妄。[培根]

◎人不应当像走兽一般地活着，应当追求知识和美德。[但丁]

◎人的品行犹如一道篱笆，粉刷并不能使之加强。[罗伯逊]

◎人的心灵则是理智之光的焦点。[柯勒律治]

◎人要正直，因为在其中有雄辩和德行的秘诀，有道德的影响力。

[阿米艾尔]

◎人有了人格的自尊，必不甘堕落为禽兽，而品德也必自然提高。

[苏格拉底]

◎人之风动一世，在品行，而不在地位；地位虽高，无品行，何得风动一世。[史密斯]

◎任何愚者都能够说谎，但要将谎说得好，却需要有几分聪明。

[巴特勒]

◎如果一个人不过高地估计自己，他就会比他自己所估计的要高得多。

[歌德]

◎善良的品德兼备，有如宝石之于金属，两者互为衬托，相互辉映。

[萧伯纳]

◎甚至在我们的欢乐中，恶习也会刺痛我们；但美德却能使我们在痛苦中得以安慰。[科尔顿]

◎生命不可能从谎言中开出灿烂的鲜花。[海涅]

◎生命短促，只有美德能将它留传到遥远的后世。[莎士比亚]

◎胜利是暂时的，而美德却将千古流芳。[普希金]

◎使一个人伟大，并不在富裕和门第，而在于可贵的行为和高尚的品性。[奥维]

◎说谎固然可耻，但若吐露真实足以毁身时，说谎还是可以被原谅的。

[索福克勒斯]

◎说谎话的人所得到的，就只是即使说了真话也没有人相信。[伊索]

◎思想史上载明，谦虚几乎总是和学生的才能成正比，不谦虚则成反比。[普列汉诺夫]

◎所有的人都是平等的，造成差别的不是门第，而只是美德。

[伏尔泰]

◎"他们说"，这三个字里有一半谎言。[富勒]

◎坦白是诚实与勇敢的产物，人最大的才能是欺骗自己的本事。

[法朗士]

◎坦白是使人心地轻松的妙药。[裴斯泰洛齐]

◎坦白与虚心能帮助你成就伟大的事业。[莎士比亚]

◎妄自尊大和妄自菲薄都是严重的错误。[歌德]

◎微少的知识使人骄傲，丰富的知识则使人谦逊。[蒙田]

◎为善虽人不知，积之既久，自然善积而不可掩；为恶若不知改，积之既久，必至恶极而不可赦。[王守仁]

◎唯有能严守诚实、亲切、友谊等普通的道德，才真正称得上伟大的人物。[法朗士]

◎我们应该顺应自然，立在真实，求得人生的光明，不可陷入勉强、虚伪的界境，把真正人生都归幻灭。[李大钊]

◎无道德则不能存在。[卢梭]

◎无德之人常嫉妒他人之有德。[培根]

◎无害的谎言说多了也会有害。[杰拉尔德]

◎无知的人最好沉默,他若知道这一点,便不算无知。[萨迪]

◎勿以恶小而为之,勿以善小而不为。唯贤唯德,能服于人。[刘备]

◎想要肯定自己的品德,就得承认自己有缺陷。[普拉塞]

◎行不义的人比遭受这不义行为的人更不幸。[德谟克利特]

◎虚伪的友谊有如你的影子:当你在阳光下时,它会紧紧地跟着,但当你一旦要跨越阴暗处时,它立刻就会离开你。[培根]

◎虚伪及欺诈是一切罪恶之母。[爱迪生]

◎虚心使人进步,骄傲使人落后。[毛泽东]

◎野心就是一切虚伪和谎话的根源。[恩格斯]

◎一半的真实比虚假更可怕。[费希达列宾]

◎一个人的虚荣心是和他的愚蠢的程度相等的。[波普尔]

◎一个人如果不是真正有道德,就不可能真正有智慧。[雪莱]

◎一个头脑正常的人,是不会自满的。[班廷]

◎一个正直的人要经过长久的时间才看得出来,一个坏人只要一天就认得出来。[索福克勒斯]

◎一颗诚实心灵的唯一缺憾是轻信。［毛姆］

◎一念之非即遏之，一动之妄即改之。［薛瑄］

◎一谦而四益。［班固］

◎一切不道德事情中最不道德的，就是去做不能胜任的事情。
［拿破仑］

◎一清如水的生活、诚实不欺的性格，无论在哪个阶层里，即使心术最坏的人也会对之肃然起敬。［巴尔扎克］

◎优良的品性是内心真正的财富，而衬显这品性的是良好的教养。
［洛克］

◎有学问而无道德，是一个恶汉；有道德而无学问，是一个俗夫。
［罗斯福］

◎有一种东西，比才能更罕见、更优美、更珍奇，那是自知之明。
［巴顿］

◎愉快的生活是不能跟各种美德分开的。［伊壁鸠鲁］

◎与其夸大胡说，不如宣布那个聪明的、智巧的、谦逊的警句："我不知道。"［伽利略］

◎与其隐己之短，莫若隐己之长。［费尔巴哈］

◎在道德和在几何上都是直线最短。［拉哈尔］

◎真诚是一种心灵的开放。［拉罗什富科］

◎真正的美德不可没有实用的智慧，而实用的智慧也不可没有美德。

[亚里士多德]

◎真正的美德如河流，越深越无声。[哈利法克斯]

◎真正的谦虚只能是对虚荣心进行了深思以后的产物。[柏格森]

◎真正有德行的人是从不自吹的。[罗休夫柯]

◎正直的人都是抗震的，他们似乎有一种内在的平静，使他们能够经受住挫折甚至是不公平的待遇。[戈森]

◎正直意味着有勇气坚持自己的信念。这一点包括有能力去坚持认为是正确的东西，在需要的时候义无反顾，并能公开反对确认是错误的东西。[戈森]

◎知理则不屈，知势则不沮，知节则不穷。[苏洵]

◎只有美德才是永恒的名声。[彼特拉克]

◎只有相信自己的人才能对别人忠实。[弗罗姆]

◎只有真才美，只有真才可爱……虚伪永远无聊乏味，令人生厌。
[布瓦洛]

◎智慧是宝石，如果用谦虚镶边，就会更加灿烂夺目。[高尔基]

◎忠实人的话像他的抵押物一样可靠。[塞万提斯]

◎铸成一把宝剑，在于剑锋的锐利及硬度，而不在于它的外鞘的辉煌；同样的，并不是金钱与财产能使一个人有价值，而是他的美德。
[塞涅卡]

◎自伐者无功，自矜者不长。[老子]

◎自高自大的人看到的不是自己存在于这个世界上，而是世界围绕着他自己存在。[塞缪尔]

◎自然规律在道德领域中是一个实用上的第一原则：它扬善禁恶。
[马丁·路德]

◎走正直诚实的生活道路，有一个问心无愧的归宿。[高尔基]

◎最残酷的谎言常常是在沉默中说出来的。[斯蒂文森]

◎最有道德的人，是那些有道德却不需由外表表现出来而仍感满足的人。[柏拉图]

◎最有学问和最有见识的人总是很谨慎的。[卢梭]

◎最真实的欺骗方法，是认为自己比别人聪明。[罗休夫柯]

读 书

贫者因书而富，富者因书而贵。
——王安石

◎把一页好好地消化，胜过匆忙地阅读一本书。[麦考莱]

◎背得烂熟还不等于掌握知识。[蒙田]

◎不登高山，不知天之高也；不临深谷，不知地之厚也；不闻先王之遗言，不知学问之大也。[荀子]

◎不读书的人，思想就会停止。[狄德罗]

◎不好的书不仅无益，而且有害。应当首先竭力阅读和了解各个时代、各个民族的最优秀作家的书。[列夫·托尔斯泰]

◎不好的书也像不好的朋友一样，可能会把你戕害。[菲尔丁]

◎不要阅读信手拈来的书，而要严格加以挑选。要培养自己的趣味和思维。[屠格涅夫]

◎不去读书就没有真正的教养，同时也不可能有什么鉴别力。
[赫尔岑]

◎除了野蛮国家，整个世界都被书统治着。[福尔特尔]

◎读过一本好书，像交了一个益友。[臧克家]

◎读书的快乐，是人最大的快乐。[林肯]

◎读书而不思考，等于吃饭而不消化。[波尔克]

◎读书就是力量，因为读书可以帮助工作，可以增加工作的力量。
[拿破仑]

◎读书若未能应用，则所读的书等于废纸。[华盛顿]

◎读书使人成为完善的人。[培根]

◎读书是我唯一的娱乐。[富兰克林]

◎读书是意味着利用别人的头脑来取代自己的头脑。[叔本华]

◎读书也像开矿一样，"沙里淘金"。[赵树理]

◎读书有三到：心到、眼到、口到。［朱熹］

◎读书欲精不欲博，用心欲专不欲杂。［黄庭坚］

◎读书愈多，精神就愈健壮而勇敢。［高尔基］

◎读书之于脑，犹运动之于身体。［爱迪生］

◎读书只能供给知识的材料，如要融会贯通，应靠思索之力。［洛克］

◎读一切好的书，就是和许多高尚的人说话。［笛卡尔］

◎对于一个真正的作家来说，每一本书都应该成为他继续探索那些尚未到达的领域的一个新起点。［海明威］

◎对于有文化的人，读书是高尚的享受。我重视读书，它是我的一种宝贵的习惯。［高尔基］

◎富贵必从勤苦得，男儿须读五车书。［杜甫］

◎各种蠢事，在每天阅读好书的影响下，仿佛烤在火上一样，渐渐熔化。［雨果］

◎光阴给我们经验，读书给我们知识。［奥斯特洛夫斯基］

◎好的书籍是最贵重的珍宝。［别林斯基］

◎好奇心是学生的第一美德。［居里夫人］

◎好问之人，一无所失。［哈代］

◎黑发不知勤学早，白首方悔读书迟。［颜真卿］

◎积累知识，也应该有农民积肥的劲头，捡的范围要宽，不要限制太

多。［邓拓］

◎即使到了最文明的时代，读书仍将是最大的乐趣。书能使受益者逢凶化吉。［爱默生］

◎加紧学习，抓住中心，宁精勿杂，宁专勿多。［周恩来］

◎仅次于选择益友，就是选择好书。［考尔德］

◎尽信书则不如无书。［孟子］

◎经验丰富的人读书用两只眼睛，一只眼睛看到纸面上的话，另一只眼睛看到纸的背面。［歌德］

◎旧书不厌百回读，熟读深思子自知。［苏轼］

◎君子之学必好问，问与学，相辅而行者也。非学，无以致疑；非问，无以广识。［刘开］

◎开启学问金库的钥匙在各自手中。［斯宾诺莎］

◎看书和学习是思想的经常营养，是思想的无穷发展。［冈察洛夫］

◎滥用书籍，则学问死矣。［卢梭］

◎劳动教养了身体，学习教养了心灵。［史密斯］

◎理想的书籍是智慧的钥匙。［列夫·托尔斯泰］

◎立身以立学为先，立学以读书为本。［爱默生］

◎漫无目标、无书不读的人，他们的知识是很难非常精湛的。

［柯南道尔］

◎没有不可认识的东西,我们只能说还有尚未被认识的东西。

[高尔基]

◎没有书籍,就不能打赢思想之战,正如没有舰就不能打赢海战一样。

[罗斯福]

◎每一本书都是一个用黑字印在白纸上的灵魂,只要我的眼睛、我的理智接触它就活起来了。[高尔基]

◎请把花在读书的时间,用在思考方面吧。[培纳特]

◎热爱书吧——这是知识的源泉![高尔基]

◎人不光是靠他生来就拥有的一切,而是靠他学习中所得到的一切来造就自己。[歌德]

◎人的品格,可从他所读的书判断,犹如可从他交往的朋友判断出来一样。[史密斯]

◎人的影响短暂而微弱,书的影响则广泛而深远。[普希金]

◎人类所需要的,是富有启发性的养料。而阅读,则正是这种养料。

[雨果]

◎人类智慧和知识的形象将在书中永存,它们能免遭时间的磨损,并可永远得到翻新。[培根]

◎任何时候我也不会满足,越是多读书,就越是深刻地感到自己知识贫乏。[马克思]

◎任何一本书的影响莫过于使读者开始作内心的反省。[卡莱尔]

◎如果不想在世界上虚度一生,那就要学习一辈子。[高尔基]

◎如果使用得好，书是最好的东西；如果滥用了，书就是最坏的东西。

［爱默生］

◎什么也不问的人什么也学不到。［戈森］

◎书，这是这一代对另一代人精神上的遗言，这是将死的老人对刚开始生活的青年人的忠告，这是准备去休息的哨兵向前来代替他的岗位的哨兵的命令。［赫尔岑］

◎书本是将圣贤豪杰的心照射到我们心里的忠实镜子。［吉本］

◎书本是镜子：毛驴朝里看时别想照出圣人来。［利希滕贝格］

◎书并不以用处告人，用书之智不在书中，而在书外，全凭观察得之。

［培根］

◎书不仅是生活，而且是现在、过去和未来文化生活的源泉。

［库法耶夫］

◎书对于智慧，也像体操对于身体一样。［爱迪生］

◎书籍并不是没有生命的东西，它包藏着一种生命的潜力，与作者同样地活跃。不仅如此，它还像一个宝瓶，把作者生机勃勃的智慧中最纯净的精华保存起来。［弥尔顿］

◎书籍——当代真正的大学。［卡莱尔］

◎书籍鼓舞了我的智慧和心灵，它帮助我从腐臭的泥潭中脱身出来，如果没有它们，我就会溺死在那里面，会被愚笨和鄙陋的东西呛住。

［高尔基］

◎书籍就像一盏神灯，它照亮人们最遥远、最黯淡的生活道路。

［乌皮特］

◎书籍——举世之宝。[梭罗]

◎书籍能引导我们进入高尚的社会,并结识各个时代的最伟大人物。

[斯迈尔斯]

◎书籍是改造灵魂的工具。它对于人类之所以必需,就在于它是滋补光明的养料。[雨果]

◎书籍是横渡时间大海的航船。[培根]

◎书籍是建立在时间之海里的灯塔。[惠普尔]

◎书籍是巨大的力量。[列宁]

◎书籍是培植智慧的工具。[夸美纽斯]

◎书籍是朋友,虽然没有热情,但是非常忠实。[雨果]

◎书籍是前人的经验。[拉伯雷]

◎书籍是青年人不可分离的生活伴侣和导师。[高尔基]

◎书籍是人类知识的总统。[莎士比亚]

◎书籍是任何一种知识的基础,是任何一门学科的基础的基础。

[茨威格]

◎书籍是天才留给人类的遗产,世代相传,更是给予那些尚未出世的人的礼物。[爱迪生]

◎书籍是在时代的波涛中航行的思想之船,它小心翼翼地把珍贵的货物运送给一代又一代。[培根]

◎书籍是造就灵魂的工具。[雨果]

◎书籍是最好的朋友，当生活中遇到任何困难的时候，你都可以向它求助，它永远不会背弃你。[都德]

◎书籍是最有耐心、最能忍耐和最令人愉快的伙伴。在任何艰难困苦的时刻，它都不会抛弃你。[赫尔岑]

◎书籍——通过心灵观察世界的窗口。住宅里没有书，犹如房间没有窗户。[威尔逊]

◎书没有道德的，也没有不道德的，只不过是写得好与坏而已。

[王尔德]

◎书是我们时代的生命。[别林斯基]

◎书应教人享乐人生，不然就应教人忍受人生。[约翰生]

◎书犹药也，善读之可以医愚。[刘向]

◎书中横卧着整个过去的灵魂。[卡莱尔]

◎所有的好书，读起来就像同过去世界上最杰出的人们谈话。

[笛卡尔]

◎天下事利害相伴，唯读书只有利而无害。[迪斯累里]

◎唯书籍不朽。[乔义特]

◎我们所写的书是唯一的我们子孙后代不能浪费的财富。[兰道尔]

◎我这一生，除了革命以外，最爱的就是读书。我一天不读书，就不能生活。[孙中山]

◎喜欢读书，就等于把生活中寂寞的辰光换成巨大享受的时刻。

[孟德斯鸠]

◎选书应和交友一样谨慎，因为你的习性受书籍的影响不亚于朋友。

[胡德]

◎学习这件事不在乎有没有人教你，最重要的在于自己有没有觉悟和恒心。[法布尔]

◎学而不能致用的人是一头背着书的牛马。蠢驴是否知道它背上背着的是一堆书而不是一捆柴？[富兰克林]

◎学而不思则罔，思而不学则殆。[孔子]

◎学问二字，须要拆开看。学是学，问是问，今人有学而无问，虽读万卷书，只是一条钝汉尔。[郑板桥]

◎循序而渐进，熟读而精思。[朱熹]

◎一本新书像一艘船，带领我们从狭隘的地方，驶向生活的无垠广阔的海洋。[凯勒]

◎一个爱书的人，他必定不至于缺少一个忠实的朋友，一个良好的老师，一个可爱的伴侣，一个温情的安慰者。[巴罗]

◎一本好书是大师心灵的鲜血，可以一代一代地保存珍藏。[米尔顿]

◎有些书只需品尝，有些需要吞咽,还有少数的应该细嚼。[培根]

◎阅读一本不适合自己阅读的书，比不阅读还要坏。我们必须会这样一种本领：选择最有价值、最适合自己所需要的读物。[别林斯基]

◎在读书的时候，我们与智者交谈；在生活的事务中，我们通常都是与愚人交谈。[培根]

◎在人的所有需求中,求知应列首位。[何奈尔]

◎在我看来,最好的书是那些能够提供最丰富的思考材料的书。
[法朗士]

◎真正的学者往往不是读了很多书的人,而是读了有用的书的人。
[亚里斯提卜]

◎只有恒心可以使你达到目的,只有博学可以使你明辨世事。[席勒]

◎治学有三大原则:广见闻,多阅读,勤实验。[戴布劳格林]

奋 斗

想成为一名成功者,必须先做一名奋斗者。
——舒曼

◎别人后退,我不退;别人前进,我更进。[但丁]

◎成功的秘诀在于永不改变既定之目的。[卢梭]

◎错误是稻草浮在水面,而寻珍珠就要潜入水底。[德雷顿]

◎斗争经常受挫折,受到痛苦的挫折,完全如触礁一般,然而斗争绝不会停止,它会以眼泪、悔恨重新开始其真正不可征服的目的。
[卡莱尔]

◎奋斗能使我们脱离自身的束缚,并使我们成为最优秀、最伟大的人物的同伴。[爱因斯坦]

◎奋斗是万物之父。[陶行知]

◎奋斗这一件事是自有人类以来天天不息的。[孙中山]

◎回首过去觉得自傲，瞻望未来则充满信心。[蒙森]

◎金字塔是由一块块石头砌上去造成的。[莎士比亚]

◎科学上没有平坦的大道，真理长河中有无数礁石险滩。只有不畏攀登的采药者，只有不怕巨浪的弄潮儿，才能登上高峰采得仙草，深入水底觅得骊珠。[华罗庚]

◎没有能比攀登于真理的高峰之上，然后俯视来路上的层层迷障、烟雾和曲折更愉快了。[卢克莱修]

◎你应该不顾一切纵身跳进你们那陌生的、不可知的命运，然后以大无畏的英勇把它完全征服，不管有多少困难向你挑衅。[泰戈尔]

◎逆水行舟用力撑，一篙松劲退千寻。[董必武]

◎攀登顶峰，这种奋斗的本身就足以充实人的心。人们必须相信，垒山不止就是幸福。[加缪]

◎千淘万漉虽辛苦，吹尽黄沙始到金。[刘禹锡]

◎青年的文明，乃奋斗的文明。与境遇奋斗，与时代奋斗，与经验奋斗。[李大钊]

◎人的行为最明显的特征，是人所表现出来的激情和奋斗的极端强烈性。[弗洛姆]

◎人类要在竞争中求生存，便要奋斗。[孙中山]

◎人生能有几回搏？[容国团]

◎人生像攀登一座山，而找寻出路，却是一种学习的过程，我们应当在这过程中，学习稳定、冷静，学习如何从慌乱中找到生机。

[席慕蓉]

◎人生之天职，即为奋斗；无奋斗力者，百无成就。[茅盾]

◎人是从苦难中成长起来的，唯有乐观奋斗，才能不断茁壮，反之则易埋没，默默终生。[拿破仑]

◎如果我们能够为我们所承认的伟大目标去奋斗，而不是一个狂热的、自私的肉体在不断地抱怨为什么这个世界不使自己愉快的话，那么这才是一种真正的乐趣。[萧伯纳]

◎世界上最蠢的事是获得一点点成功而到此为止。[布兰特]

◎事业无穷年。[韩愈]

◎伟大的热情战胜一切，只有强烈的坚持不懈的追求，才能达到目的。

[司汤达]

◎伟大的事业需要始终不渝的拼搏精神。[伏尔泰]

◎我们所尊敬的人，全都是这条道路上的奋斗者。我们不会尊敬那些懒惰者。[武者小路实笃]

◎我们应当努力奋斗，有所作为。这样，我们就可以说，我们没有虚度年华，并有可能在时间的沙滩上留下我们的足迹。[拿破仑]

◎我们最大的光荣，不在于一次也不失败，而在于每次倒下都能够站起来。[弗洛姆]

◎我始终不愿抛弃我的奋斗生活，我极端重视由奋斗得来的经验，尤其是战胜困难后所得的愉快。[爱迪生]

◎小草，你步调固然细微，但你脚步下却拥有地球。[泰戈尔]

◎要想奋发，就得作出巨大而又迅速的努力。[卢梭]

◎要在这世界上获得成功，就要坚持到底，至死剑不离手。[伏尔泰]

◎用一只干净的手和一颗纯洁的心去战斗，用自己的生命发扬神圣的正义，这真是优美的事情。[罗曼·罗兰]

◎与天奋斗，其乐无穷，与地奋斗，其乐无穷，与人奋斗，其乐无穷。

[毛泽东]

◎在成名的道路上，流的不是汗水而是鲜血。[居里夫人]

◎在创业时期必须靠自己打出一条生路来，艰苦困难即此一条生路上必经之途径，一旦相遇，除迎头搏击外无他法。[邹韬奋]

◎在全力以赴的努力奋斗中，在人的心中会建立起坚定的信心和信念。

[德田虎雄]

◎追求真理的人以拼搏为乐。[李大钊]

◎做了好事受到指责而仍坚持下去，这才是奋斗者的本色。

[巴尔扎克]

工 作

工作就是医治所有顽疾和厄运的最有效的药剂。

——卡莱尔

◎爱你的工作，但是勿爱你的业绩。［马雅可夫斯基］

◎悲伤的时候，工作就是良药。［林肯］

◎不懂得工作真义的人，视工作为苦役。［苏格拉底］

◎长期的无所事事最能使人衰竭和毁灭。［亚里士多德］

◎除了实践以外，没有别的办法可以识别错误。［狄德罗］

◎创造一切非凡事物的那种神圣的爽朗精神，总是同青年时代和创造力联系在一起的。［歌德］

◎大自然是个忠实的供给者，但它只把"报酬"给予努力工作的人。
　　　　　　　　　　　　　　　　　　　　　　　　［柏格曼］

◎对现世的实践可视为正文，感想与知识则为注解。［叔本华］

◎工作对于人来说是一种享受。［伊索］

◎工作就是人生的价值，人生的欢乐，也是幸福之所在。［罗丹］

◎工作能使你远离无聊、罪恶和贫穷。［摩路瓦］

◎工作若是快乐的，那么人生就是乐园！工作若是义务的，那么人生就是地狱。［高尔基］

◎工作是高贵灵魂的营养。［塞涅卡］

◎今天尽你最大的努力去做好，明天你也许就能做得更好。［牛顿］

◎开始是工作的最重要的部分。［柏拉图］

◎没有工作简直受不了，工作使一切美化，思想能创造新的生命。

[诺贝尔]

◎没有事情做是一种最可怕的负担。[布瓦洛德普雷]

◎你要追求工作，别让工作追求你。[富兰克林]

◎缺乏热情所做的事是毫无价值的。[韦伯]

◎任何一项工作都比安逸令人愉快。[德谟克利特]

◎如果你做某件事，那就把它做好。如果你不会或不愿做好它，那最好不要去做。[列夫·托尔斯泰]

◎少说些漂亮话，多做些平凡的事情。[列宁]

◎天下事有难易乎？为之，则难者亦易矣；不为，则易者亦难矣。

[彭端淑]

◎为公众的幸福工作的人，不论在哪个部门，都不能被国界所隔断，他们的劳动成果并不只属于一个国家，而是属于整个人类。

[居里夫人]

◎我的座右铭是：第一忠诚，第二勤奋，第三专心工作。[卡耐基]

◎我的座右铭是：我自己能做的事决不假手于他人。[孟德斯鸠]

◎一个好的发明只有百分之一决定于他的天才和灵感，其余的百分之九十九决定于他的劳动和汗珠。[爱迪生]

◎一切推理都必须从观察与实验得来。[伽利略]

◎游手好闲是魔鬼的坐垫。[伯顿]

◎在任何一块土地上挖掘你都会找到珍宝，不过你应该以农民的信心去挖掘。[纪伯伦]

◎真正的劳动者是对工作有如对自己的妻子般挚爱的人。[麦克唐纳]

◎只知工作而不知休息的人，犹如没有刹车的汽车，其险无比。

[福特]

机 遇

趁着顺风，就该扯篷。

——塞万提斯

◎不管你知道多少金玉良言，不管你具备多好的条件，在机会降临时，你若不具体地运用，就不会有进步。[威廉·詹姆斯]

◎不管人们怎样夸耀自己的伟大行动，它们常常只是机遇的产物，而非一个伟大意向的结果。[拉罗什富科]

◎成功的秘诀在于随时准备把握时机。[迪斯累里]

◎从容不迫地谈理论是一件事，把思想付诸实行——尤其在需要当机立断的时候，又是一件事。[罗曼·罗兰]

◎当机会呈现在眼前时，若能牢牢掌握，十之八九都可以获得成功。

[卡耐基]

◎当良机出现在我们面前时，我们要及时抓住它们，利用它们，这是生活的一大艺术。[约翰逊]

◎当危险逼近时，善于抓住时机迎头冲击它，要比犹豫躲闪它更有利。因为犹豫的结果恰恰是错过了克服它的机会。[培根]

◎当心啊，年轻的舵手，别让你的缆绳松了，别让你的船锚动摇，不要在你没有发觉以前，船就漂走了。[卢梭]

◎对于那些实际上影响我们一生前途和我们最后归宿的事件，我们甚至也只能知道其中的一部分。还有数不清的大事（假如称之为大事的话）差点儿发生在我们身上，然而却在我们身边掠过，没有产生什么实际效果，甚至也没有反射任何亮光或阴影到我们的心上，使我们察觉到它们的接近。[霍桑]

◎福气来了不享，福气走了别怨。[塞万提斯]

◎机会的获得是极不容易的，需具备三大条件，那就是：像鹿一般会跑的腿，逛马路的闲工夫，和犹太人那样的耐性。[巴尔扎克]

◎机会是不守纪律的。[雨果]

◎仅仅天赋的某些巨大优势并不能造就英雄，还要有运气相伴。

[拉罗什富科]

◎良机只有一次，一旦错失再也得不到了。[勃朗宁]

◎每个人的一生中都有能够造就幸福的一小时，只要你能捉住它。

[福莱柴尔]

◎人们通常觉得准备的阶段是在浪费时间，只有当真正的机会来临，而自己没有能力把握的时候，才觉悟自己平时没有准备才是浪费了时间。[罗曼·罗兰]

◎人生颇富机会和变化。人最得意的时候，有最大的不幸光临。

[亚里士多德]

◎如果你因失去了太阳而流泪，那么你也将失去群星了。［泰戈尔］

◎如果我们做了应该做的一切，那么所有的机遇都会垂青于我们。
　　　　　　　　　　　　　　　　　　　　　　　　［基辛格］

◎善于捕捉机会者为俊杰。［歌德］

◎善于等待的人，一切都会及时来到。［巴尔扎克］

◎善于识别与把握时机是极为重要的。在一切大事业上，人在开始做事前要像千眼神那样察视时机，而在进行时要像千手神那样抓住时机。
　　　　　　　　　　　　　　　　　　　　　　　　［培根］

◎生命很快就过去了，一个时机不会出现两次，必须当机立断，不然就再没机会了。［罗曼·罗兰］

◎时刻准备着，有一天机遇必将来临。［林肯］

◎世界上有许多做事有成的人，并不一定是因为他比你会做，而仅仅是因为他比你敢做。［培根］

◎谁若是有一刹那的胆怯，也许就放走了幸运在这一刹那间对他伸出来的香饵。［大仲马］

◎我不能选择那最好的，是那最好的选择了我。［泰戈尔］

◎我们必须打开机会的大门。［约翰逊］

◎幸运之机好比市场，稍一耽搁，价格就变。［培根］

◎要想利用风驰电掣的机会，不仅要做好物质上的准备，更重要的是要做好精神上的准备。［塞涅卡］

◎要注意留神任何有利的瞬时，机会到了莫失之交臂。[歌德]

◎一般人总是等待着机会从天而降，而不想努力工作来创造这种机会。

[米尔]

◎一个聪明人所创造的机会比他所发现的机会更多。[培根]

◎一个明智的人总是抓住机遇，把它变成美好的未来。[富勒]

◎一个人必须为自己创造机会，就像时常发现它一样。[培根]

◎一个人既有成算，若不迅速进行，必至后悔莫及。[但丁]

◎由于过分审慎，人们对于时机就会重视不够，就会坐失良机。

[卢梭]

◎愚蠢的行动，能使人陷于贫困；投合时机的行动，却能令人致富。

[克拉克]

◎在婚姻大事上，机会和命运常常良莠不分，叫人难以琢磨。

[奥斯丁]

◎只有愚者才等待机会，而智者则造就机会。[培根]

◎卓越的才能，如果没有机会，就将失去价值。[拿破仑]

◎最大的机遇也许就在你身边。[拿破仑]

◎最明亮的欢乐火焰大概都是由意外的火花点燃的。人生道路上不时散发出芳香的花朵，也是从偶然落下的种子自然生长起来的。

[约翰逊]

嫉 妒

嫉妒只会拉动风箱，煽起你的叹息。

——但丁

◎傲慢者不会怜悯，因为他们鄙视他人。[阿奎那]

◎卑劣的人比不上别人的品德，便会对那人竭力诽谤。[萨迪]

◎变态的人、宦官、老人和恶棍们是好嫉妒的。[培根]

◎醋海风波是凶险的，能断送一切。[塞万提斯]

◎好妒忌的人把时间和精力都浪费在他人蓬勃发展的过程中。

[贺拉斯]

◎嫉妒比坟墓更残酷。[所罗门]

◎嫉妒常常是繁忙的，我还不知道有什么情绪像嫉妒那样繁忙，并且不生产另一种情绪。[三木清]

◎嫉妒的人常自寻烦恼，这是他自己的敌人。[德谟克利特]

◎嫉妒的人会并非出于恨而杀害他所妒恨的对象。[菲尔丁]

◎嫉妒对嫉妒者之危害，正如铁锈之危害于铁。[戴阿几尼兹]

◎嫉妒和怀疑是爱情的附属品，嫉妒与怀疑越大，爱情也就越强烈。

[萧伯纳]

◎嫉妒里面的自爱的成分多于爱人。[法兰克]

◎嫉妒能使人得到短暂的快感，也能使不幸更辛酸。[培根]

◎嫉妒是爱的刺激物，一种适宜的妒忌，有时能收获到使爱情更臻于甜蜜的结果。[哈里斯]

◎嫉妒是扩大细小事物的一面放大镜。[席勒]

◎嫉妒是一种恨，此种恨使一个人对他自己的幸福感到痛苦，对他人的灾殃感到快乐。[斯宾诺莎]

◎嫉妒是诸恶德里面最大的恶德。[司汤达]

◎嫉妒像传染病：你对它愈害怕，愈容易被它感染。[培根]

◎嫉妒永不休假。嫉妒也是最卑劣最堕落的情欲。[培根]

◎嫉妒犹如一只苍蝇，经过身体的一切健康部分，而停止在创作的地方。[查普曼]

◎嫉妒与偏见是进步的一大障碍。[波菲]

◎嫉妒占上风，美德就倒霉；抠门的地方，没有慷慨。[塞万提斯]

◎嫉妒属于一种恐惧；它和那种想维护我们对某物的占有欲相一致。
[笛卡尔]

◎嫉妒使人一刻不闲。别无他物，只有死亡能够使嫉妒和德行重归于好。[培根]

◎嫉妒则是由恶人感觉到的坏的感情。[亚里士多德]

◎假使说诽谤是一条蛇，那它也是一条生有羽翼的蛇——不但会爬，而且会飞。[杰洛德]

◎建筑在偏见基础上的意见必须永远用暴力维持。[杰弗利]

◎经常谈论别人的短处，只令使一个人心胸狭窄。[泰戈尔]

◎冷酷的谣传，在车轮上滚动着，它每经一道手，都要被加上一些润滑油。[三木清]

◎没有嫉妒便没有真爱。[奥古斯丁]

◎宁被嫉妒，不被怜悯。[希罗斯塔]

◎宁肯忍受别的诽谤，不要诽谤别人；宁愿有时被别人欺骗，不要被亲人不信任。[约翰生]

◎人造的风暴比海洋上的风暴更厉害。[雨果]

◎忍耐一点，诽谤是不会活很久的；真理是时间之子，不久它将出现替你辨明。[康德]

◎善妒者必惹忧愁。[莎士比亚]

◎什么叫嫉妒，那是针对别人的价值而产生一种心怀憎恶的欣羡之情。
[阿部次郎]

◎失宠和妒忌曾经使天神堕落。[海涅]

◎我不嫉妒那些比我知道更多的人，只怜悯那些比我知道得少的人。
[布朗]

◎心思中的猜疑有如鸟中的蝙蝠，它们永远是在黄昏里飞的。[培根]

◎一切事物的不正常形态都起于偏见。[孟德斯鸠]

◎憎恨是积极的不快，嫉妒是消极的不快。所以嫉妒很容易转化为憎恨，就不足为怪了。［歌德］

◎只有出自衷心的羞耻心和不愿见恶于人的畏惧心，才是一种真正的约束。［洛克］

◎制止诽谤的最好方法是鄙视它；企图追捕及驳斥它，它会比你跑得更快。［大仲马］

◎自己无德的人，常常嫉妒他人的美德。［培根］

骄 傲

最没有防备的是打胜仗的人。

——显克微支

◎不谦虚的话只能有这个辩解，即：缺少谦虚就是缺少见识。

［富兰克林］

◎成功的第一个条件是真正的虚心，对自己一切敝帚自珍的成见，只要看出同真理冲突，都愿意放弃。［别林斯基］

◎刀鞘保护刀的锋利，它自己则满足于它的迟钝。［泰戈尔］

◎凡过于把幸运之事归功于自己的聪明和智谋的人，多半是结局很不幸的。［培根］

◎光荣常常不是沿着闪光的道路走来的，有时通过遥远的世俗的小路才能够得到它。［达·芬奇］

◎国民的感情中最难克服的要数骄傲了,随你如何把它改头换面,与之斗争,使之败阵,扑而灭之,羞而辱之,它还会探出头来,显示自己。

[富兰克林]

◎好炫耀的人是明哲之士所轻视的、愚蠢之人所艳羡的、谗佞之徒所奉承的,同时他们也是自己所夸耀的言语的奴隶。[培根]

◎骄傲、嫉妒、贪婪是三个火星,它们使人心爆炸。[但丁]

◎骄傲和丰裕共进早餐,和贫困共进午餐,和狼藉的声名共进晚餐。

[济慈]

◎骄傲可使人膨胀,却无力将人托起。[罗斯金]

◎骄傲者憎恨他人骄傲。[富兰克林]

◎谨慎比大胆要有力量得多。[雨果]

◎那些能够做出大事的人往往是守口如瓶的。[西塞罗]

◎谦逊不仅是一种装饰品,也是美德的护卫。[爱迪生]

◎谦逊可以使一个战士更美丽。[奥斯特洛夫斯基]

◎青蛙也许会叫得比牛更响,但是它们不能在田里拉犁,也不会在酒坊里牵磨,它们的皮也做不出鞋来。[纪伯伦]

◎任何傲慢的胜利者都在促成自己的死亡。我们要当心命运之神;打胜仗之后,还要提防自己才好。[拉封丹]

◎我经常在晚上发现,自己早上以为不坏,因而自视甚高的看法,其实是错的。[爱尔维修]

◎我们各种习气中再没有一种像克服骄傲那么难的了。虽极力藏匿它，克服它，消灭它，但无论如何，它在不知不觉之间仍旧显露。

[富兰克林]

◎一个骄傲的人，结果总是在骄傲里毁灭了自己。[莎士比亚]

◎一个人的礼貌就是一面照出他肖像的镜子。[歌德]

◎一个人高傲自大，只不过清楚地表现出他的相对渺小罢了。[泰戈尔]

◎愚昧是傲慢掀起的浪花。[福楼拜]

◎自满或满足于微不足道的知识，都是智力贫乏的原因。这种贫乏通常用一个词来称呼，这就是"愚蠢"。[高尔基]

◎最难抑制的情感是骄傲，尽管你设法掩饰，竭力与之斗争，它仍然存在。即使我敢相信已将它完全克服，我很可能又因自己的谦逊而感到骄傲。[富兰克林]

教 育

多办一所学校，可少建一座监狱。

——雨果

◎爱孩子这是母鸡也会做的事。可是，要善于教育他们，这就是国家的一件大事了，这需要才能和渊博的生活知识。[高尔基]

◎把完善的教育留给子女，乃是最佳的遗产。[司各特]

◎榜样是最好的老师。[伊索]

◎大学里绝不会教你如何生存；同样道理，大学教授也和我们一样，简直对这事一无所知。[牛顿]

◎当孩子一开始呼吸时，教育就开始了。[保尔]

◎典范比教育更快，更能强烈地铭刻在人心里。[菲尔丁]

◎懂得如何启发，乃是教育最伟大的诀窍。[阿米艾尔]

◎对未来来说孩子的教育比成人更为重要。[贝多芬]

◎儿童期教育是孩子成长的关键，教育尤为重要。[爱尔维修]

◎国家的命运，有赖于对青年的教育。[亚里士多德]

◎孩子需要榜样胜于批评。[杰贝尔]

◎教育并不能改变人性，只能改良人性。[亚里士多德]

◎教育不仅教人知道他们所不知道的东西，还应教他们自己做没做过的事情。[罗斯金]

◎教育的秘诀在尊重生活。[爱默生]

◎教育的目的不是在制造机械，而是在造成人。[罗素]

◎教育的目的在于品德的形成。[斯宾塞]

◎教育的目的在于使人能够继续教育自己。[杜威]

◎教育儿童应首先激发其兴趣和爱心，否则只是填鸭式的灌输，毫无

意义可言。[蒙田]

◎教育是极其严肃的伟大事业，通过培养不断地将新的一代带入人类优秀文化精神之中，让他们在完整的精神中生活、工作和交往。

[雅斯贝尔斯]

◎教育是廉价的国防。[亚里士多德]

◎教育是民族最伟大的生活原则，是一切社会里把恶的数量减少，把善的数量增加的唯一手段。[巴尔扎克]

◎教育是一个逐步发现自己无知的过程。[杜兰特]

◎教育是一种最艰巨的事业。优秀的教育家们认为，教育不仅是科学事业，而且是艺术事业。[加里宁]

◎教育随生命开始，在我们察觉个性已建立之前，后来的教诲已很难将它移动及改变。[莎士比亚]

◎教育有二：一是他力的教育，一是自力的教育。但是后者更为重要。

[纪彭]

◎教育在顺境中是装饰品，在逆境中是避难所。[亚里士多德]

◎教育真正的目的，并不只强调人做善事，同时还要教人从事善事中发掘出喜悦。[罗斯金]

◎教育之目的，不在应该思考什么，而是教人应该如何思考。

[比提]

◎教育之宗旨，在使儿童成为自治自立的人物，而不是受治于他人的人物。[斯宾诺莎]

◎教育之最终目的是培养人格。[伯克]

◎教育最主要的目的不是教你挣得面包，而是使每一口都更香甜。

[安格尔]

◎老师总是真正上帝的代言人，真正天国的引路人。[杜威]

◎离开教育，人将一无是处。[康德]

◎母亲是儿童最好的教师，她给孩子的教育比所有的学校教育加起来还多。[克鲁普斯卡娅]

◎你不能去教别人，只能帮助他自悟而已。[伽利略]

◎培养人，就是培养他对前途的希望。[马卡连柯]

◎普及教育就是普及繁荣。[诺贝尔]

◎青年人的教育是国家的基石。[富兰克林]

◎轻蔑教育的人，才是唯一没有学问的人。[奥尔柯特]

◎若要从广义解释教育的话，即整个人生或社会生活，都是教育。

[田中耕太郎]

◎实际上，教育是一种早期的习惯。[林肯]

◎所谓教育，并非教人不知道的事物，而是借着实例，以开拓困难的工作。[罗斯金]

◎完善的教育可能使人类的身体的、智力的和道德的力量得到广泛的发挥。[乌申斯基]

◎我从来没有让我在学校学的东西干涉我的教育。[马克·吐温]

◎我们并不是通过教育努力教会青年人谋生，而是教他们创造生活。

[怀特]

◎我们想要见到儿童追求知识，而不是知识追求儿童。[萧伯纳]

◎兴趣是最好的老师。[爱因斯坦]

◎性格的培养是教育的主要目的，虽然它不能算是唯一的。

[爱默生]

◎学校的目标应当是培养有独立行动和独立思考的人。[爱因斯坦]

◎言教不如身教。[约翰逊]

◎一个父亲胜过一百个校长。[哈伯特]

◎以身教者从，以言教者讼。[范晔]

◎在教师手里操着幼年人的命运，便操着民族和人类的命运。

[陶行知]

◎在所有一切有益于人类的事业中，首要的一件，即教育人的事业。[卢梭]

◎植物借栽培而生育，人类借教育而成人。[罗素]

◎只有当你致力于自我教育的时候，你才能教育别人。[乌申斯基]

◎子女教育是社会的基础。[柏拉图]

◎自认天性优异可以不受教育，是一项错误。愈是天资高，愈要接受教育。[苏格拉底]

节 俭

黄金无种子，惟生于勤俭之家。

——迪斯累里

◎宝贵本无种，尽从勤里得；请观懒惰者，面带饥寒色。［冯梦龙］

◎不节，则虽盈必竭；能节，则虽虚必盈。［陆贽］

◎从俭入奢易，从奢入俭难，勤俭建国家，永久是真言。［朱德］

◎当省而不省，必致当用不用。［魏禧］

◎对于浪费的人，金钱是圆的；对于节俭的人，金钱是扁的，是可以一块块堆积起来的。［巴尔扎克］

◎购买不需要的东西的人，不久便会买不起他需要的东西。

［亚历山大］

◎挥霍无度的人，等于将自己的前途抵押了出去。［富兰克林］

◎节俭本身就是一个大财源。［塞涅卡］

◎节俭朴素，人之美德。惰而侈则贫，力而俭则富。［程颐］

◎节俭是美德，唯需与宽厚结合。［培根］

◎节俭是你一生中食用不完的美筵。［爱默生］

◎节省乃穷人的铸币厂，浪费乃富人的陷阱。［都帕尔］

◎节约——穷人的财富,富人的智慧。[大仲马]

◎节制贵于黄金。[雨果]

◎节制和劳动是人类的两个真正的医生。[卢梭]

◎金玉非宝,节俭乃宝。[朱元璋]

◎静以修身,俭以养德。[诸葛亮]

◎居安思危,戒奢以俭。[魏徵]

◎困苦贫穷是最好的教育。[雨果]

◎历览前贤国与家,成由勤俭败由奢。[李商隐]

◎没有一种获利,能及得上从我们的所有中节省下来的那样确切可靠。
[培根]

◎朴素,这便是我所希望的比其他一切更重要的品格。
[列夫·托尔斯泰]

◎如果你懂得量入为出,那你就可以致富了。[富兰克林]

◎省下一分钱等于得到一分钱。[富勒]

◎天下之事,常成于勤俭而败于奢靡。[陆游]

◎惜精神者,可以去病;省财用者,可以去贫。去病者一身安乐;去贫者一家安乐。[胡达源]

◎须要注意小额费用,一艘大船的沉没,有时是由微小的裂口所致。
[富兰克林]

◎一般人往往把节俭与吝啬看做一对孪生子，其实这是一个很大的错误。节俭是当用则用，当省则省；换言之，是用得适当。吝啬却是当用的不用，不当省的也节省。[富兰克林]

◎一般说来，节俭两个字的解释，似乎是"省钱的方法"；其实不对，应该解释为"用钱的方法"。我们应该把钱用得清清楚楚，十分恰当，那就是真正的节俭了。[纪德]

◎一个浪子在妓院或在赌桌上挥霍金钱时，无异于在自掘坟墓。

[哥尔德·斯密斯]

◎一切的浪费都会造成品行和趣味的堕落。[杰贝尔]

◎知足的人永不会穷，不知足的人永不会富。[爱弥尔]

科 学

科学总有一天会走在幻想的前头。

——凡尔纳

◎"科学"是国家的最高人格化。[巴斯德]

◎不管行政上的规则有多少种，科学上的法规却只有一条，这就是通俗易懂。[培根]

◎不能或者不愿意影响到自己的民族之外的人，是不配做科学家的。

[普朗克]

◎当科学家们为权势所吓倒，科学就会变成一个软骨病人。[伽利略]

◎经验是科学之母。[塞万提斯]

◎惊奇就是科学的种子。[爱默生]

◎科学不过是训练有素、组织得好的常识。[赫胥黎]

◎科学不会抛弃真正爱它的人们的。[季米里亚捷夫]

◎科学不可能是一个人的事业。[伽利略]

◎科学不是为了个人荣誉,不是为了私利,而是为了人类幸福。

[钱三强]

◎科学赐予人类的最大礼物是什么呢?是使人类相信真理的力量。

[康普顿]

◎科学的灵感,绝不是坐待可以得来的。如果说,科学上的发现有什么偶然的机遇的话,那么这种"偶然的机遇"只能给那些学有素养的人,给那些善于独立思考的人,给那些具有锲而不舍的精神的人,而不会给懒汉。[华罗庚]

◎科学的每一项巨大成就,就是以大胆的幻想为出发点的。[杜威]

◎科学的唯一目的是减轻人类生存的苦难,科学家应为大多数人着想。

[伽利略]

◎科学的未来,只能属于勤奋而又谦虚的年轻一代。[巴甫洛夫]

◎科学的跃进往往取决于研究方法上的成就。[巴甫洛夫]

◎科学的真正的与合理的目的在于造福于人类生活,用新的发明和财富丰富人类生活。[培根]

◎科学的宗旨就是提供宇宙的真正写照。［列宁］

◎科学赋予人类的最大礼物是什么？是使人类相信真理的巨大力量。
　　　　　　　　　　　　　　　　　　　　　　　　［昆布顿］

◎科学家不是依靠于个人的思想，而是综合几千人的智慧，所有的人想一个问题，并且每人做他的部分工作，添加到正建立起来的伟大知识大厦之中。［米丘林］

◎科学家的成果是全人类的财产，而科学是最无私的领域。［高尔基］

◎科学家一旦作出成绩，就应该忘记自己所做的事情，而经常去考虑他应该做的事情。［费希特］

◎科学家一经离开了实验室，就变成战场上缴了械的战士。［巴斯德］

◎科学就是不断地认识，不仅是发现，而且是发明。［鲁巴金］

◎科学没有国界，科学家有国界。［巴甫洛夫］

◎科学是不分国家、民族、信仰的，是人类的共同财富。［罗斯福］

◎科学是非常爱妒忌的，科学只把最高的恩典赐给专心致志地献身于科学的人。［费尔巴哈］

◎科学是埋葬形形色色褪了色的思想的坟场。［乌纳穆诺］

◎科学是人类积累的知识的巨大宝库。［克鲁普斯卡娅］

◎科学是人生中最重要、最美好和最需要的东西。［契诃夫］

◎科学是使人精神变得勇敢的最好途径。［布鲁诺］

◎科学是一种有组织的知识。［斯宾塞］

◎科学是永无止境的，它是一个永恒之谜。［爱因斯坦］

◎科学是针对狂热或迷信之毒的绝佳解毒剂。［亚当·斯密］

◎科学是指挥员，实践是战士。［达·芬奇］

◎科学要求每个人有极紧张的工作和伟大的热情。［巴甫洛夫］

◎科学也需要创造，需要幻想，有幻想才能打破传统的束缚，才能发展科学。［郭沫若］

◎科学与艺术是属于整个世界的，它们没有国界。［歌德］

◎科学只不过是发展了的知觉，加以解释的含义，经过清理，详细表述清楚的常识。［桑塔亚娜］

◎科学只是一种思想。［柏拉图］

◎没有疑问，哲学与科学在许多方面是互相促进的。［罗蒙诺索夫］

◎任何人都承认实验是科学之母，这是确定不移的真理，谁也不会否认。［米丘林］

◎神奇的预言是神话，科学的预言却是事实。［列宁］

◎诗人的创造，哲学家的辩证，探险家的技艺——这就是组成一个伟大的科学家的材料。［季米里亚捷夫］

◎实践——科学的皇后。［培根］

◎事实是科学家所呼吸的空气。［巴甫洛夫］

◎谁占有科学……谁就不需要宗教。［歌德］

◎我的错误给我的一个好教训，那就是，绝不要相信在科学上有排他的定律。［达尔文］

◎一旦科学插上幻想的翅膀，它就能赢得胜利。［法拉第］

◎一个民族要站在科学的最高峰，就一刻也不能没有理论思维。
［恩格斯］

◎一切科学你都要知道一些，但是有些科学你要知道其中一切。
［季米里亚捷夫］

◎应当热爱科学，因为人类没有力量比科学更强大、更所向无敌的了。
［高尔基］

◎在科学工作中，不愿意越过事实前进一步的人，很少能理解事实。
［赫胥黎］

◎在科学上功劳总是归于使全世界信服的人，而不是第一个想起某个主意的人。［奥斯勒］

◎在科学上没有平坦的大道，只有不畏劳苦沿着陡峭山路攀登的人，才有希望达到光辉的顶点。［马克思］

◎在科学上重要的是研究出来的"东西"，不是研究者"个人"。
［居里夫人］

◎在我们面前有一座堡垒。这座堡垒就叫科学。它包括许多部门的知识。我们无论如何都必须占领这座堡垒。［斯大林］

◎真理只有一个，它不在宗教中，而是在科学中。［达·芬奇］

◎真正的科学家应当是个幻想家，谁不是幻想家，谁就只能把自己称为实践家。［巴尔扎克］

◎真正的科学首先教会人怀疑和自觉无知。[乌纳穆诺]

◎追求科学需要特殊的勇敢。[伽利略]

快　乐

能忍受命运之否泰的人，才能享受真正的快乐。

——塞涅卡

◎悲伤过度会笑，欢乐过度会哭。[布莱克]

◎被人爱、被人尊重，是人性最幸福高兴的事。[雨果]

◎充满着欢乐与战斗精神的人们，永远带着欢乐，欢迎雷霆与阳光。

[赫胥黎]

◎聪明人并不一味追求快乐，而是竭力避免不愉快。[亚里士多德]

◎大部分的快乐都像鲜花，一经采撷即告枯萎。[杨格]

◎道德给人带来无穷的快乐。[蒙田]

◎烦恼与欢欣，成功与失败，仅此一念之间。[大仲马]

◎各种娱乐的高下优劣，最能表示那个人的高下优劣。[麦肯振]

◎给予永远要比向别人索取快乐得多。[高尔基]

◎光明和愉快是两件最珍贵的东西。［斯威夫特］

◎和富人一道进餐馆，不如和穷人一起去看戏，因为后者能够享受欢乐。［史密斯］

◎欢乐就是健康，反之忧郁就是病魔。［哈密顿］

◎欢乐设立在妄想之上，幸福建立在真理之上。［赫华罗］

◎欢乐是更好的诗。［纪伯伦］

◎既会花钱，又会赚钱的人，是最幸福的人，因为他享受着两种快乐。

［约翰生］

◎家庭和睦是人生最快乐之事。［歌德］

◎将以为乐，乃得忧焉；将以为安，乃得危焉；将以为福，乃得死亡焉。岂不哀哉！［荀子］

◎经得起各种诱惑和烦恼的考验，才算达到了最完美的心灵的健康。

［培根］

◎精神之快乐乃人生真正之快乐。［司派克提尔］

◎快乐剥夺一个人对其能力的使用，这和痛苦的作用完全一样。

［柏拉图］

◎快乐不能靠外来的物质和虚荣，而要靠自己内心的高贵和正直。

［罗曼·罗兰］

◎快乐的微笑是保持生命健康的唯一药方，它的价值是千百万，但却不要花费一分钱。［奈思比特］

◎快乐的笑容是室内的阳光。［柴克莱］

◎快乐如药方，具有治疗疾病的功效。[王尔德]

◎快乐是人的生活的开端和终结。[伊壁鸠鲁]

◎乐观是养生的唯一秘法，常常忧思和愤怒，足以使健康的身体变得衰弱而有余。[屠格涅夫]

◎乐观向上表现了人性的重要德行。[罗曼·罗兰]

◎乐观主义者：被狮子逼上了树仍然在欣赏景色的人。[温切尔]

◎乐人之乐，人亦乐其乐；忧人之忧，人亦忧其忧。[白居易]

◎乐善者，常寿长。[荀子]

◎乐天知命胜于非分之求。[高尔斯华绥]

◎每一种工作都蕴藏着无穷的乐趣，只是有些人不懂得怎样去发掘它们罢了。[卢梭]

◎美的事物是永远的快乐。[济慈]

◎期望快乐本身也是一种快乐。[席勒]

◎人的智慧就是快乐的源泉。[薄伽丘]

◎人都需要娱乐和变换兴趣，以防止变得迟钝、呆滞和智力上的闭塞。
[乔义特]

◎人们认识到的欢乐，是在它们逝去的时候，而不是在它们来临时。
[都德]

◎人生最大的快乐不在于占有什么，而在于追求什么的过程。[班廷]

◎如果没有自信心的话，你永远也没有快乐。[罗休夫柯]

◎如果你将怎样去寻找快乐的方法教导世人，这个世界将会更美满，更光明。[约翰生]

◎生命的意义在于设身处地替别人着想，忧他人之忧，乐他人之乐。
[爱因斯坦]

◎世界上没有比快乐更能使人美丽的化妆品。[布莱希顿]

◎世界上没有快乐的地方，只有快乐的人。[李连杰]

◎甜中加甜不见其甜，乐中加乐才是大乐。[莎士比亚]

◎先天下之忧而忧，后天下之乐而乐。[范仲淹]

◎享受眼前的快乐，应以不损害将来的快乐为原则。[塞涅卡]

◎笑，世界跟着你笑；哭，就只有你自己哭了。[威尔柯克斯]

◎笑实在是仁爱的表现、快乐的源泉、亲近别人的桥梁；有了笑，人类的感情就沟通了。[雪莱]

◎笑是解开全人类之谜的万能钥匙。[卡莱尔]

◎笑笑而忘掉比愁眉苦脸地记住要好得多。[罗塞蒂]

◎笑有一种改正的力量，能防止我们成为怪人。[契诃夫]

◎心里最好常保快乐，如此就能防止百害，延长寿命。[莎士比亚]

◎心情愉快是肉体和精神的最佳卫生法。[乔治·桑]

◎心无忧虑，就是逍遥佛祖；身无病痛，就是快活神仙。[傅家宝]

◎心胸常开阔，年岁活一百。[叶天士]

◎一个良知纯洁的人，觉得人生是件甜美而快乐的事。

[列夫·托尔斯泰]

◎一个人不先了解悲哀，便不会了解快乐。[培根]

◎一个人思虑太多，就会失去做人的乐趣。[莎士比亚]

◎一位少女最美好的棕榈枝，便是圣洁、纯净、无可指摘的生活之花。

[巴尔扎克]

◎一阵爽朗的笑，犹如满室黄金一样眩人耳目。[福楼拜]

◎有高贵情操的人，当别人和他分享快乐时，他自己也一定觉得快乐。

[邓肯]

◎娱乐是花，务实是根。如果要欣赏花的美丽，必须先加强根的牢固。

[爱默生]

◎愉快的笑声，是精神健康的可靠标志。[契诃夫]

◎在各种快乐中，劳动的果实是最甜美的。[彼得拉克]

◎在这个世界上，一半人不能理解另一半人的快乐。[奥斯丁]

◎真正的快乐是对生活的乐观，对工作的愉快，对事业的热心。

[爱因斯坦]

◎知足常乐，能忍自安。[陶觉]

◎知足者贫贱亦乐，不知足者富贵亦忧。[毛姆]

◎只有使自己的心神解脱一切烦恼的妄念，才能获得精神上的真正快乐。［歌德］

◎助人为乐是一种伟大的道德品质。［雨果］

劳 动

世界上不用劳动获得的东西，只有"贫穷"。
——莎士比亚

◎爱劳动吧，没有一种力量能像劳动，即集体、友爱、自由的劳动的力量那样使人成为伟大和聪明的人。［高尔基］

◎爱劳动是共产主义道德主要成分之一。［加里宁］

◎不停留在已得的成绩上，而是英勇地劳动着，努力要把劳动的锦标长久握在自己手里。［奥斯特洛夫斯基］

◎成功=艰苦的劳动+正确的方法+少说空话。［爱因斯坦］

◎持续不断地劳动是人生的铁律，也是艺术的铁律。［巴尔扎克］

◎对于富有才华和热爱劳动的人来说，不存在任何障碍。［贝多芬］

◎富人如果把金钱放在你手中，你不要对这点恩惠太看重，因为圣人曾经这样教诲：勤劳远比黄金可贵。［萨迪］

◎爱劳动是共产主义道德主要成分之一。但只有在工人阶级获得胜利以

后，人类生活不可缺少的条件劳动，才不会是沉重而可耻的负担，而成为荣誉和英勇的事业。[加里宁]

◎既然思想存在于劳动之中，人就要靠劳动而生存。[苏霍姆林斯基]

◎假如没有劳动这个压舱的货物，任何风暴会把生活之船翻掉。

[司汤达]

◎节约和劳动，是人类最真实的两位医师。[卢梭]

◎经过费力才得到的东西要比不费力就得到的东西令人喜爱。一目了然的真理不费力就可以懂，懂了也感到暂时的愉快，但是很快就被遗忘了。[薄伽丘]

◎涓滴之水终可磨损大石，不是由于它力量大，而是由于昼夜不舍的滴坠。只有勤奋不懈地努力才能够获得那些技巧。[贝多芬]

◎懒惰是一切邪恶之门，一个懒惰的人，正如一所没有墙壁的房子，恶魔可以从任何一方面进来。[乔叟]

◎懒惰是一切罪恶的根源。[马卡连柯]

◎劳动创造了人本身。[恩格斯]

◎劳动的目的是为了获得闲暇。[亚里士多德]

◎劳动和科学是世界上最伟大的两种力量。[高尔基]

◎劳动就是生命、思想和光明。[雨果]

◎劳动能唤起人的创造力。[列夫·托尔斯泰]

◎劳动能唤起人的创造力。[列夫·托尔斯泰]

◎劳动使你免除三大害：无聊、恶行和贫穷。［伏尔泰］

◎劳动使人建立对自己的理智力量的信心。［高尔基］

◎劳动使人忘忧。［西塞罗］

◎劳动是美德的保卫者，安闲是他的睡眠。［塔索］

◎劳动是人类财富的创造者。［韦伯斯特］

◎劳动是人类存在的基础和手段，是一个人在体格、智慧和道德上臻于完善的源泉。［乌申斯基］

◎劳动是唯一通向知识的道路。［萧伯纳］

◎劳动永远是人类生活的基础，是创造人类文化幸福的基础。
　　　　　　　　　　　　　　　　　　　　　　　［马卡连柯］

◎没有顽强的细心的劳动，即使有才华的人也会变成绣花枕头似的无用的玩物。［斯坦尼斯拉夫斯基］

◎哪里有天才，我是把别人喝咖啡的工夫都用在工作上了。［鲁迅］

◎祈祷从天空取出幸福，劳动从大地挖出幸福。［席勒］

◎勤为无价宝，慎乃护身术。［莎士比亚］

◎任何倏忽的灵感都不能代替长期的功夫。［罗丹］

◎如果儿童让自己任意地不论去做什么而不去劳动，他们就既学不会文学，也学不会音乐，也学不会体育，也学不会那保证道德达到最高峰的礼仪。［德谟克利特］

◎世界上没有任何一种具有真正价值的东西，可以不经过辛勤劳动而能

够得到的。［爱迪生］

◎谁肯认真地工作，谁就能做出许多成绩，就能超群出众。［恩格斯］

◎体力劳动是防止一切社会病毒的伟大的消毒剂。［马克思］

◎天才不能使人不必工作，不能代替劳动。要发展天才，必须长时间地学习和高度紧张地工作。人越有天才，他面临的任务也越复杂，越重要。［斯米尔诺夫］

◎天才就是劳动，人的天赋就像火花，它可以熄灭，也可以燃烧起来，逼它燃烧成熊熊大火的方法只有一个，就是劳动再劳动。［高尔基］

◎完美的新人应该是在劳动之中和为了劳动而培养起来的。［欧文］

◎为人类的幸福而劳动，这是多么壮丽的事业，这一目标有多么伟大！
［圣西门］

◎伟大的成绩和辛勤的劳动是成正比例的，有一分劳动就有一分收获，日积月累，从少到多，奇迹就可以创造出来。［鲁迅］

◎我毕生都热爱脑力劳动和体力劳动，也许甚至说，我更热爱体力劳动。当在体力劳动内加入任何优异的悟性，即手脑相结合在一起的时候，我就更特别感觉满意了。［巴甫洛夫］

◎我觉得人生求乐的方法，最好莫过于尊重劳动。一切乐境，都可由劳动得来，一切苦境，都可由劳动解脱。［李大钊］

◎我们世界上最美好的东西，都由劳动、由人的聪明的手创造出来的。
［高尔基］

◎辛勤的蜜蜂永没有时间悲哀。［布莱克］

◎一个有真正大才能的人能在工作过程中感到高度的快乐。［歌德］

◎愉快只是幸福的伴随现象，愉快如果不伴随以劳动，那么它不仅会迅速地失去价值，而且也会迅速地使人们的心灵堕落下来。

[乌申斯基]

◎在科学上除了汗流满面是没有其他方法的；热情也罢，幻想也罢，以整个身心去渴望也罢，都不能代替劳动。[赫尔岑]

◎在人的生活中最主要的是劳动训练。没有劳动就不可能有正常的人的生活。[卢梭]

◎只有劳动才能提供生活享受的权利。[杜勃罗留波夫]

◎只有在新的社会条件下，劳动才能从繁重的负担转变成轻松而愉快的生理需求的满足。[车尔尼雪夫斯基]

◎只有人的劳动才是神圣的。[高尔基]

◎最易于使人衰竭，最易于损害一个人的，莫过于长期不从事体力活动。[亚里士多德]

理 想

有了理想，就等于有了灵魂。

——吴运铎

◎抱负是高尚行为的萌芽。[英格利希]

◎不是事业为了思想，而是思想为了事业。[伏尔泰]

◎不想当将军的士兵不是好士兵。[拿破仑]

◎当你的希望一个个落空,你也要坚定,要沉着![朗费罗]

◎道德教育成功的"秘诀"在于,当一个人还在少年时代的时候,就应该在宏伟的社会生活背景上给他展示整个世界、个人生活的前景。
[苏霍姆林斯基]

◎敌人只能砍下我们的头颅,绝不能动摇我们的信仰!因为我们信仰的主义,乃是宇宙的真理![方志敏]

◎对于一个有思想的人来说,没有一个地方是荒凉偏僻的。在任何逆境中,他都能充实和丰富自己。[丁玲]

◎对于一只盲目航行的船来说,所有的风都是逆风。[哈伯特]

◎凡事以理想为因,实行为果。[鲁迅]

◎否定理想的人可能容易找到,不过,他是将卑鄙当做美好。
[歌德]

◎给罪人新生,理想是还魂草;唤浪子回头,理想是慈爱的母亲。
[流沙河]

◎毫无理想而又优柔寡断是一种可悲的心理。[培根]

◎饥寒的年代里,理想是温饱;温饱的年代里,理想是文明。离乱的年代里,理想是安定;安定的年代里,理想是繁荣。[流沙河]

◎坚持你的主义,主义重于生命;宁愿生命消失,只要声誉能够留存。
[裴多菲]

◎理想,能给天下不幸者以欢乐。[高尔基]

◎理想必须要人们去实现它。这就不但需要决心和勇敢，而且需要知识。[吴玉章]

◎理想必须在现实中有其根源基础，否则只是空想。[张岱年]

◎理想并不是一种空虚的东西，也并不玄奇，它既非幻想，更非野心，而是一种追求真美的意识。[莎菲德拉]

◎理想失去了，青春之花也便凋零了，因为理想是青春的光和热。
[罗曼·罗兰]

◎理想使你微笑地观察生活；理想使你倔强地反抗着命运；理想使你忘记鬓发早白仍然天真。[流沙河]

◎理想使现实透明，美好的憧憬使生命充实，而人生也就有所寄托，使历史岁月延续于无穷。[柯灵]

◎理想使忠厚者常遭不幸；理想使不幸者绝处逢生。平凡的人因理想而伟大；有理想就是一个"大写的人"。[流沙河]

◎理想是罗盘，给船舶导引方向；理想是船舶，载着你出海远航；但理想有时候又是海天相吻的弧线，可望而不可即，折磨着你那进取的心。[流沙河]

◎理想是闹钟，敲碎你的黄金梦；理想是肥皂，盥洗你的自私心。理想既是一种获得，理想又是一种牺牲。[流沙河]

◎理想是人生的太阳。[德莱塞]

◎理想是石，敲出星星之火；理想是火，点燃熄灭的灯；理想是灯，照亮夜航的路；理想是路，引你走到黎明。[流沙河]

◎理想是世界的主宰。[霍桑]

◎理想是一串跳荡的音符，奏响了我们心中青春的乐章；理想是心灵的阳光，点燃了我们胸膛里的火焰。[歌德]

◎理想是珍珠，一颗缀连着一颗，贯古今，串未来，莹莹光无尽。

[流沙河]

◎理想是指路明灯。没有理想，就没有坚定的方向；没有方向，就没有生活。[列夫·托尔斯泰]

◎理想无非就是逻辑的最高峰，同样美就是真的顶端。艺术的民族同时也是彻底的民族。爱美就是要求光明。[雨果]

◎没有理想，即没有某种美好的愿望，也就永远不会有美好的现实。无论是人类还是民族，如果没有崇高的理想，就不能生存。[陀思妥耶夫斯基]

◎每个人都有一定的理想，这种理想决定着他的努力和判断的方向。

[爱因斯坦]

◎美满的人生，是在使理想与现实两者切实吻合。[劳伦斯]

◎目标愈高，志向就愈可贵。[塞万提斯]

◎目的高尚，会使所做的事情都同样高尚。[巴尔扎克]

◎你们朝着伟大的目标前进的理想，将是使你们勇敢地走进生活中去的鼓舞力量。[吴玉章]

◎人的强烈愿望一旦产生，就很快会转变成信念。[杨格]

◎人类的精神与动物的本能区别在于，我们在繁衍后代的同时，在下一代身上留下自己的美、理想和对于崇高而美好的事物的信念。

[苏霍姆林斯基]

◎人类心灵需要理想甚于需要物质。[雨果]

◎人类也需要富有理想的人。对于这种人说来,无私地发展一种事业是如此的迷人,以至于他们不可能去关心他们个人的物质利益。

[居里夫人]

◎人生最高之理想,在求达于真理。[李大钊]

◎如果没有自信心的话,你永远也不会有快乐。[罗休夫柯]

◎如果能追随理想而生活,本着正直自由的精神、勇往直前的毅力、诚实不自欺的思想而行,则定能臻于至美至善的境地。

[居里夫人]

◎如果一个人不知道他要驶向哪个码头,那么任何风都不会是顺风。

[塞涅卡]

◎如果一个人的头上缺少一颗指路明星——理想,那他的生活将会醉生梦死。[苏霍姆林斯基]

◎尚未实现的目标,要比已经达到的渺小目的更珍贵。[歌德]

◎生活的理想,就是为了理想地生活。[张闻天]

◎生活中没有理想的人,是可怜的人。[屠格涅夫]

◎世界上的一切伟大运动都与某种伟大理想有关。[泰戈尔]

◎世界上最快乐的事,莫过于为理想而奋斗。哲学家告诉我们,"为善至乐"的乐,乃是从道德中产生出来的,为理想而奋斗的人,必能获得这种快乐,因为理想的本质就含有道德的价值。[苏格拉底]

◎首先是最崇高的思想,其次才是金钱;光有金钱而没有最崇高的思想

的社会是会崩溃的。[陀思妥耶夫斯基]

◎思想是根基，理想是嫩绿的芽胚，在这上面生长出人类的思想、活动、行为、热情、激情的大树。[苏霍姆林斯基]

◎伟大的事业需要始终不渝的精神。[伏尔泰]

◎我们不能登上顶峰，但可以爬上半山腰，这总比待在平地上要好得多。[普列姆昌德]

◎我们的斗争和劳动，就是为了不断地把先进的理想变为现实。

[周扬]

◎我们要有雄心壮志，但必须避免好高骛远。古语说得好："行远自迩，登高自卑。"[李四光]

◎我宁可做人类中有梦想和有完成这梦想的愿望的、最渺小的人，而不愿做一个最伟大、无梦想、无愿望的人。[纪伯伦]

◎我认为我们应该在一种理想主义中去寻找精神力量，这种理想主义使我们不骄傲，而能使我们把我们的希望和梦想达到高尚的境界。

[居里夫人]

◎我要把人生变成科学的梦，然后再把梦变成现实。[居里夫人]

◎我以为再没有比那些只顾自己鼻尖底下一点儿事情的人更可悲的了。

[罗素]

◎无论在什么样的社会里，一个人的理想，是为了多数人的利益，为了社会的进步，对社会生产力的发展起了促进作用，也就是说，合乎社会历史的发展规律，就是伟大的理想。[陶铸]

◎现实是此岸，理想是彼岸。中间隔着湍急的河流，行动则是架在河上的桥梁。[克雷洛夫]

◎心头没有愿望，等于地上没有空气。[科尔顿]

◎宣传最崇高的理想，倘若看不到通往这个理想的正确道路，也是无济于事的。[巴比塞]

◎要抒写自己梦想的人，反而更应该清醒。[瓦雷里]

◎要有生活目标：一辈子的目标，一段时期的目标，一个阶段的目标，一年的目标，一个月的目标，一个星期的目标，一天的目标，一个小时的目标，一分钟的目标。[列夫·托尔斯泰]

◎一个精神生活很充实的人，一定是一个很有理想的人，一定是一个很高尚的人，一定是一个只做物质的主人而不做物质的奴隶的人。

[陶铸]

◎一个人的理想应该是符合历史发展的规律，应该是和人民的利益紧密地联系在一起的。[曲啸]

◎一个人的理想越崇高，生活越纯洁。[伏尼契]

◎一个人有了远大的理想，就是在最艰苦困难的时候，也会感到幸福。

[徐特立]

◎一个人只要强烈地坚持不懈地追求，他就能达到目的。[司汤达]

◎一切都靠一张嘴来谈理想而丝毫不实干的人，是虚伪和假仁假义的。

[德谟克利特]

◎英雄失去理想，蜕作庸人，可厌地夸耀着当年的功勋；庸人失去理想，碌碌终身，可笑地诅咒着眼前的环境。[流沙河]

◎有理想的人，生活总是火热的。[斯大林]

◎在这一人航海的人生浩瀚大海中,理想是罗盘针,热情是疾风。

[波普尔]

◎战士的歌声,可以休止一时,却永远不会沙哑;战士的眼睛,可以关闭一时,却永远不会昏瞎。[郭小川]

◎只有同这个世界结合起来,我们的理想才能结出果实;脱离这个世界,理想就不结果实。[罗素]

◎只有为了伟大的目标,才能产生伟大的力量。[斯大林]

◎志愿不过是记忆的奴隶,总是有始无终,虎头蛇尾,像未熟的果子密布树梢,一朝红烂就会离去枝条。[莎士比亚]

◎走得最慢的人,只要他不丧失目标,也比漫无目的地徘徊的人走得快。[莱辛]

◎最有价值的是为理想而奋斗。[苏格拉底]

命 运

恭候运气的人连一餐饭也不能保证。

——富兰克林

◎不管我们漫游到什么地方,命运的引线永远在我们面前。[利希特]

◎不论弱者或强者,都逃不出命运的手掌。[荷马]

◎不论怎样不幸都会带来某种幸运。[贝多芬]

◎不为幸运所欺骗的人，也一定不会为厄运所压倒。［本·琼森］

◎承受厄运需要美德，承受幸运需要更高的美德。［拉罗什富科］

◎聪明的人造就机会多于碰到机会。［培根］

◎当命运递给我一个酸的柠檬时，让我们设法把它制造成甜的柠檬汁。
　　　　　　　　　　　　　　　　　　　　　　　　　　［雨果］

◎当命运微笑时，我也笑着在想，她很快又要蹙眉了。［培根］

◎当幸运出现时，就要在前头用确定的手抓住它，因为在幸运背后是光秃秃一片。［达·芬奇］

◎对于凌驾命运之上的人来说，信心是命运的主宰。［海伦·凯勒］

◎对于幸运者来说，一生都是短暂的；对于不幸者来说，一夜都是漫长的。［卢奇安］

◎敢于冲撞命运的是天才。［雨果］

◎好的运气令人羡慕，而战胜厄运则更令人惊叹。［塞涅卡］

◎好运与厄运在我看来是两种统治力量。以为人类智慧能够扮演命运女神的角色未免愚蠢。［蒙田］

◎假如我们有先见之明的话，命运之神啊，你将不再是神了。
　　　　　　　　　　　　　　　　　　　　　　　　　　［朱文诺］

◎交好运令人羡慕，而战胜厄运令人敬佩。［培根］

◎没有侥幸这回事，最偶然的意外，似乎也都是有其必然性的。
　　　　　　　　　　　　　　　　　　　　　　　　　　［爱因斯坦］

◎没有人能抓住幸运不放,并永久地保持下去。[欧里庇得斯]

◎没有任何东西比在幸运时的人更难驾驭,也没有任何东西比命运造成的谦恭、自卑的人更加驯服。[普鲁塔克]

◎没有谁比从未遇到过不幸的人更加不幸,因为他从未有机会检验自己的能力。[塞涅卡]

◎没有所谓运气这东西。一切无非是考验、惩罚或补偿。[伏尔泰]

◎每个人的命运之星就在各自的胸中。[萨迪]

◎每个人都是命运的建筑师,辉煌的未来有待我们去筹建。[朗费罗]

◎命运,是暴君作恶的权力,也是傻瓜失败的借口。[安·比尔斯]

◎命运比偶然还要必然。"命运在性格中"一语,断非等闲而生的。[芥川龙之介]

◎命运并不存在于一小时的决定中,而是建筑在长时间的努力、考验和默默无闻的工作基础上。[罗曼·罗兰]

◎命运并不是来自某处,而是在自己的心田里成长。[海涅]

◎命运并不是中国人的事前指导,乃是事后的一种不费心思的解释。[鲁迅]

◎命运并非机遇,而是一种选择;我们不该期待命运的安排,必须凭自己的努力创造命运。[布莱]

◎命运不是统治者,而是造化的奴隶。[波尔维]

◎命运常在给你带来幸福的同时,给你带来不幸。[富勒]

◎命运对生者具有至高无上的权力，但对知道如何去死的人却无能为力。〔塞涅卡〕

◎命运是机会的影子。〔苏格拉底〕

◎命运给予我们的不是失望之酒，而是机遇之杯。因此，让我们毫不畏惧、充满欢愉地把握命运。〔尼克松〕

◎命运女神不仅自己盲目，而且还使自己所偏爱的人也变得盲目。
〔西塞罗〕

◎命运如同市场，如果老耽在那里，价格多半会下跌。〔培根〕

◎命运是那些毅力薄弱者的借口。〔迪斯累里〕

◎命运是神所想的东西，人只要勤奋工作就行了。〔夏目漱石〕

◎命运是一个乔装打扮的人物。没有比这张脸更会欺骗人的了。
〔雨果〕

◎命运是一个善良的女神，她不愿让小人永远得志。〔莎士比亚〕

◎命运是一件很不可思议的东西。虽人各有志，但往往在实现理想时，会遭遇到许多困难，反而会使自己走向与志趣相反的路，而一举成功。〔松下幸之助〕

◎命运往往是严酷的，它能够使一个意志坚强的人产生动摇和颓唐，甚至也能促使一个人在精神上完全垮掉。但是，我坚信真理必胜。正是这种信念支撑着我经受住眼前的严峻考验。〔台尔曼〕

◎命运像玻璃，越明亮，越闪光；越闪光，越容易破碎。〔贺拉斯〕

◎命运压不垮一个人，只会使人坚强起来。〔伯尔〕

◎命运永远走它自己的路途。[丘吉尔]

◎命运有点像女人，假使你太热情去追求她，她就要远远地避开你。
[查里斯五世]

◎命运与爱情永远与勇者亲善。[奥维德]

◎命运只是弱者心目中的一个字，一个错误的借口：强者与圣贤不承认有天命。[欧嘉]

◎那些不能牢记过去的人，命中注定要一再地重复自己的过去。
[雪莱]

◎你们认为我是命运之子：实际上，我却在创造着自己的命运。
[爱默生]

◎你应该认定自己的命运：任何人都不可能在每一件事物上都超人一等。[伊索]

◎你应该用这样的思想宽解你的厄运，什么都比不上厄运更能磨炼人的德性。[莎士比亚]

◎逆境是对原则的考验。没有它，一个人难以知道自己是否真诚。
[菲尔丁]

◎宁可要人们各自决定自己的命运，也不要让自己的命运掌握在别人的手里。[胡克]

◎奇迹多是在厄运中出现的。[培根]

◎人不是为失败而生存的。[海明威]

◎人的眼睛，在失败的时候，方才睁了开来。[契诃夫]

◎人类即使有各自的命运，却没有所谓超越人类的命运。［加缪］

◎人们不存侥幸之心，方可为幸运的主宰；而幸运除了懦夫之外，都是不敢欺凌的。［乔叟］

◎人们对自己实际拥有什么东西，并不怎么感谢命运，对于自己缺少什么东西，却总是加倍地埋怨命运。［凯勒］

◎人们总是特别看重机遇，实际上机遇是由人来支配的，并非机遇支配人。［桑塔亚娜］

◎人人都是命运的设计师，设计着时间殿宇的四壁：有的用他们伟大的功绩，有的则是用华美的装饰。［朗费罗］

◎人生的命运是多么难以捉摸，它可以被几小时内发生的事情毁灭，也可以因几小时内发生的事情而得到拯救。［欧文·斯通］

◎人要毅然忍受现实的命运，这里蕴藏着一切的真理。［梵高］

◎忍字当头，就可以征服一切命运。［培根］

◎弱者坐待时机；强者制造时机。［居里夫人］

◎世间有一种令人不相信的幸运，它的到来，有如晴天霹雳足以炸毁一切。［巴尔扎克］

◎我们除了由自己呵护命运之星以外，别无他法。即使用大海的全部力量，也无法改变它。［梅特林克］

◎我们的命运和我们的意志，常常在不巧的时际邂逅。［摩洛瓦］

◎我是我命运的主人，我是我心灵的主宰。［赫里克］

◎我要扼住命运的咽喉，它休想使我屈服。[贝多芬]

◎向命运大声叫骂又有什么用？命运是个聋子。[欧里庇得斯]

◎幸运，直到失去它之前，还未被认识。[塞万提斯]

◎幸运并非没有许多的恐惧与烦恼，厄运也并非没有许多的安慰与希望。[培根]

◎幸运的机会好像银河，它们作为个体是不显眼的，但作为整体却光辉灿烂。[培根]

◎幸运的人得到了人生的一半，不幸的人得到了人生的全部。

[福克纳]

◎幸运会抬高小人，给他们伟大和高贵的样子，好像他们从高处俯瞰世界；但是真正高贵和坚定的人提高着自己，在灾难和不幸时更加杰出。[普鲁塔克]

◎幸运与不幸像一把小刀，抓它的刃使我们受伤，抓它的柄使我们受益。[洛威尔]

◎幸运只会叩响你的门一次，但不幸却有着更多的耐心。[斯威夫特]

◎幸运最能发现罪恶；而厄运最能发现美德。[培根]

◎炫耀于外表的才干徒然令人赞羡，而深藏未露的才干则能带来幸运。

[培根]

◎一个人不幸的程度，是和他自己的想象一致的。[塞涅卡]

◎一个人若具备许多细小的优良素质，最终便可能带来幸运的机会。

[培根]

◎一个人幸运的造成，主要在于他自己。[培根]

◎一个人自己所想的，才是决定他的命运的东西。[梭罗]

◎一个无人使他喜爱的人比一个无人喜爱他的人更为不幸。

[拉罗什富科]

◎一切不幸都是神秘难解的，而且独自想着时会觉得它是最大不幸；和别人谈谈，它似乎就比较让人能忍受了。因为交谈之后我们变得完全熟悉那些所畏惧的事，而觉得好像克服了它。[贝多芬]

◎以勇敢的胸膛面对厄运。[贺拉斯]

◎意外的幸运会使人冒失、狂妄，然而经过磨炼的幸运却使人成为伟器。[培根]

◎因为我对权威的轻蔑，所以命运惩罚我，使我自己竟也成了权威。

[爱因斯坦]

◎勇敢的人开凿自己的命运之路，每个人都是自己命运的开拓者。

[塞万提斯]

◎有时候，一个人的愚蠢恰是另一个人的幸运，一方的错误恰好促成了另一方的机会。[培根]

◎有时一个人受到厄运的可怕打击（不管这厄运是来自公众或者个人），倒可能是件好事。[歌德]

◎与命运争吵的人，永远无法了解自己。[惠特曼]

◎愿意的人，由命运领着走；不愿意的人，被命运拖着走。[塞涅卡]

◎运气改变我们身上某些理智改正不了的缺点。[拉罗什富科]

◎运气永远不会帮助没有勇气的人。[索福克勒斯]
◎在厄运中，往往有好转的最大机遇。[欧里庇得斯]

◎在厄运中满怀希望，在好运中不忘忧虑。[贺拉斯]

◎在灰暗的日子里，不要让冷酷的命运窃喜；命运既然来凌辱我们，我们就应该用处之泰然的态度予以报复。[莎士比亚]

◎在命运的颠沛中，最容易看出一个人的气节。[莎士比亚]

◎真正的幸运在等待着有资格享受的人。[斯塔提乌斯]

◎真正的幸运者并不是拿到赌桌上最好的牌的人，而是那些知道什么时候应该离座回家的人。[约翰生]

◎征服命运的常常是那些不甘等待机会恩赐的人。[阿诺德]

◎正像一个年轻的老婆不愿意搂抱那年老的丈夫一样，幸运女神也不搂抱那迟疑不决、懒惰、相信命运的懦夫。[泰戈尔]

◎智慧和命运交锋时，如果智慧有敢作敢为的胆识，命运就没有机会动摇它。[莎士比亚]

◎自己的命运应由自己创造，而且应该绝对排除虚伪和坏事。

[契诃夫]

◎自知者不怨人，知命者不怨天。[荀子]

◎走在平坦的道路上，也难免有绊倒的时候。人的命运亦如此。因为，除了神以外，谁都不知道真实为何物。[契诃夫]

◎雾气弥漫的清晨,并不意味着是一个阴霾的白天。累累的创伤，就是生命给你的最好的东西，因为在每个创伤上在都标示着前进的一步。

[罗曼·罗兰]

◎最美好的品德也正是在厄运中被显示的。[培根]

逆 境

上帝将人带到深水里,不是想要淹死他,而是洗涤他的身心。

——奥菲

◎并非每一个灾难都是祸;早临的逆境常是幸福。[波普尔]

◎不经历巨大的困难,就不会有伟大的事业。[伏尔泰]

◎不幸,是一所最好的大学。[别林斯基]

◎不幸不会长续不断,你要耐心忍受,或是鼓起勇气把它驱走。

[罗曼·罗兰]

◎不幸的另一个原因是,在危险未曾临到时先自害怕,先自想象危险的境况。[莫洛亚]

◎不幸的人会以别人的更大不幸来安慰自己。[伊索]

◎不幸的人往往如此,他珍惜生命,却看见地狱就在他的背后。

[雨果]

◎不幸可以提供意想不到的可能,使人认识生活。[亨利·希曼]

◎不要为突如其来的不幸而苦恼。因为不是与生俱来的东西,留也留不住。[伊索]

◎从不犯错误的人什么事情也做不成。[萧伯纳]

◎大石拦路,勇者视为前进的阶梯,弱者视为前进之障碍。[普希金]

◎斗争是掌握本领的学校,挫折是通向真理的桥梁。[歌德]

◎对于障碍,不应当怀着苦恼的心情去往后退,而是要怀着昂奋的心情飞过去。[阿·托尔斯泰]

◎厄运是性格的试金石,厄运是一个深不可测的宝藏。[巴尔扎克]

◎厄运往往能使天才奋发。[奥维德]

◎凡是犯过错误的地方,也就积累了经验。[契诃夫]

◎好钢铁经过锤打,就发出强烈的火花。[何塞·马蒂]

◎悔恨在我们走好运时睡去了,但在我们逆境中却使我们更强烈地感觉到它。[卢梭]

◎火考验黄金;灾难考验勇者。[塞涅卡]

◎坚强者能在命运风暴中奋斗。[爱迪生]

◎金是从火中锻炼出来,人是从忧患中磨练出来。[伽力仙]

◎经一番挫折,长一番见识;多一分享用,减一分福泽;加一分体贴,知一分物情。[史播臣]

◎惧怕困难而不敢行动,乃男子无限之耻辱。[狄德罗]

◎开发人类智力的矿藏是少不了需要用患难来促成的。[大仲马]

◎苦难是人生的老师。[贝多芬]

◎困难是生命的试金石。[希罗科夫]

◎困难增强心力,犹劳动增强身体。[塞涅卡]

◎累累的创伤,就是生命给你最好的东西,因为在每个创伤上都标示着前进的一步。[罗曼·罗兰]

◎了解面对逆境,远比如何接受顺境重要得多。[马丁·赛力格曼]

◎矛盾和不幸并非最坏的事。有什么样的经验,结果就成为什么样的人经验越丰富,一个人的个性就越坚强。[甘地]

◎每一种挫折或不利的突变,都带着同样或较大的有利的种子。

[爱默生]

◎面对困难做出的反应,不是逃避或绕开它们,而是面对它们,同它们打交道,以一种进取的和明智的方式同它们斗争。[马尔兹]

◎明智的人绝不坐下来为失败而哀号,他们一定乐观地寻找办法来加以挽救。[莎士比亚]

◎能克服困难的人,可使困难化为良机。[丘吉尔]

◎能使愚蠢的人学会一点东西的,并不是言辞,而是厄运。

[德谟克利特]

◎逆潮流而游泳的人知道潮流的力量。[威尔逊]

◎逆境,是天才的进身之阶;信徒的洗礼之水;能人的无价之宝;弱者的无底之渊。[巴尔扎克]

◎逆境能打败弱者而造就强者。[尼克松]

◎逆境是达到真理的一条通路。[拜伦]

◎逆境是对人们原则的考验，若无此考验，人们很难判断自己是否诚实。[费尔丁]

◎逆境是对原则的考验。没有它，一个人很难知道自己是否诚实。
[菲尔丁]

◎逆境是磨练人的最高学府。[苏格拉底]

◎逆境有一种科学价值，一个好的学者是不会放弃这种学习机会的。[爱默生]

◎请记住，环境越艰难困苦，就愈需要坚定毅力和信心，而且懈怠的害处也就越大。[列夫·托尔斯泰]

◎人的生命似洪水奔流，不遇着岛屿和暗礁，难以激起美丽的浪花。
[奥斯特洛夫斯基]

◎人没有困难痛苦，就像狗没有主人一样。[莎士比亚]

◎人生是一次航行。航行中必然遇到从各个方面袭来的劲风，然而每一阵风都会加快你的航速。只要你稳住航舵，即使是暴风雨，也不会使你偏离航向。[西·切威廉斯]

◎人生有千百种灾难，畏惧这些灾难，才是致命的。[伯托累]

◎人要学会走路，也得学会摔跤，而且只有经过摔跤他才能学会走路。
[马克思]

◎人在逆境里比在顺境里更能坚持不屈，遭厄运时比交好运时更容易保全身心。[雨果]

◎人在身处逆境时，适应环境的能力实在惊人。人可以忍受不幸，也可以战胜不幸，因为人有着惊人的潜力，只要立志发挥它，就一定能渡过难关。［卡耐基］

◎任何教育都不如灾难教育。［迪斯累里］

◎如果人们不对悲伤屈服，过度的悲伤不久就会自己告终的。
［莎士比亚］

◎上天给予人一分困难时，同时也添给人一分智力。［雨果］

◎生活的情况越艰难，我越感到自己更坚强，甚而更聪明。［高尔基］

◎胜利属于最坚忍之人。［拿破仑］

◎失败是愚者的结论。［巴尔扎克］

◎什么是路？就是从没路的地方践踏出来的，从只有荆棘的地方开辟出来的。［鲁迅］

◎世界荣誉的桂冠，都用荆棘编织而成。［贾赖］

◎世界上的事情永远不是绝对的，结果完全因人而异。苦难对于天才是一块垫脚石……对能干的人是一笔财富，对弱者是一个万丈深渊。
［巴尔扎克］

◎世界上没有什么比不幸更完整的了。［巴尔扎克］

◎世界是属于勇者的。［哥伦布］

◎受苦比死更需要勇气。［迪斯累里］

◎顺境的美德是节制，逆境的美德是坚韧，这后一种是较为伟大的德性。［培根］

◎顺境中的好运，为人们所希冀；逆境中的好运，则为人所惊奇。[培根]

◎说出自己的不幸，痛苦便会减轻。[高乃依]

◎思想懦弱的人，常被灾难屈服；思想伟大者，相反往往乘机兴起。

[华盛顿]

◎岁寒，然后知松柏之后凋也。[孔子]

◎天将降大任于斯人也，必先苦其心志，劳其筋骨，饿其体肤，空乏其身，行拂乱其所为。[孟子]

◎伟大的人物都是走过了荒沙大漠，才登上光荣的高峰。[巴尔扎克]

◎伟大的心胸，应该表现出这样的气概：用笑脸来迎接悲惨的厄运，用百倍的勇气来应付一切不幸。[鲁迅]

◎问题解决之前，尽可能地全力思考。但是事情决定了，就再不要去忧虑。[卡耐基]

◎我觉得坦途在前，人又何必因为一点小障碍而不走路呢？[鲁迅]

◎向后退的人，他们的灵魂向黑暗里投奔。[莎士比亚]

◎像季节的飞逝一样，人生的哀乐也是变换不停的。[莎士比亚]

◎幸运喜欢照到勇敢的人。[达尔文]

◎一个人要先经过困难，然后踏入顺境，才觉得受用、舒服。

[爱迪生]

◎越是缺少担负悲哀的勇气，悲哀压在心头越是沉重。[莎士比亚]

◎灾难可以让人认识一个陌生的同伴。〔莎士比亚〕

◎灾难是人的试金石。〔弗雷奎〕

◎灾难是一件很有用的东西,它好像蟾蜍,虽然丑,而且有毒,但头上却戴着一颗珍珠。〔莎士比亚〕

◎在不幸之后,后悔是无用的。〔伊索〕

◎在那曾经受伤的地方,最能生长出思想来。〔普里什文〕

◎真正勇敢的人,应当能够智慧地忍受最难堪的屈辱。〔莎士比亚〕

◎只有经过地狱般的磨炼,才能创造出天堂的力量,只有流过血的指,才能弹奏出世间的绝唱。〔泰戈尔〕

◎只有最没出息的家伙,才去墙底下躲难。〔莎士比亚〕

◎卓越的人一大优点是:在不利与艰难的遭遇里百折不挠。〔贝多芬〕

◎阻塞与障碍只是路上不可避免的休息与困难。〔左拉〕

◎最困难的时候,也就是我们离成功不远的时候。〔拿破仑〕

勤 勉

勤劳一日,可得一夜长眠。勤劳一生,可得幸福长眠。

——达·芬奇

◎不劳苦，无所得。[富兰克林]

◎出身高贵的人，常是不太勤劳的，但他们对劳动的人却又往往心怀嫉妒。[培根]

◎怠惰等于将一个人活埋。[泰勒]

◎富贵必从勤苦得。[杜甫]

◎"将来"属于那些勤勉的人。[孟德斯鸠]

◎懒惰和贫穷永远是丢脸的，所以每个人都会尽最大努力去对别人隐瞒财产，对自己隐瞒懒惰。[约翰逊]

◎懒惰如同生锈，比劳动更能加快消耗。另一方面，使用中的锁，经常是光亮如新的。[富兰克林]

◎懒惰尽管柔弱似水，却常常把我们征服：它渗透进生活中一切目标和行为，蚕食和毁灭着激情和美德。[拉罗什富科]

◎懒惰行走得那么慢，以至贫穷很快赶上了它。[富兰克林]

◎懒散是一个母亲，她有一个儿子：抢劫，还有一个女儿：饥饿。

[雨果]

◎良机对于懒惰没有用，但勤劳可以使最平常的机遇变成良机。

[马丁·路德]

◎令儿女养成一种勤勉的习惯，胜于留给他们一笔大的财产。

[惠特利]

◎忙碌的人没有掉眼泪的时间。[拜伦]

◎盲目地一味勤奋的确能创造财富和荣耀，不过，许多高尚优雅的器官也同时被这唯其能创造财富和荣耀的美德给剥夺了。［尼采］

◎没有任何动物比蚂蚁更勤奋,然而它却是沉默寡言的。［富兰克林］

◎勤劳是疾病与悲惨最佳的治疗秘方。［卡莱尔］

◎勤勉，不浪费时间，每时每刻做些有用的事，戒掉一切不必要的行动。［富兰克林］

◎勤勉是幸运之母，上帝对勤勉给予一切。就趁今天去做吧，因为你不知道明天可能对你有多不方便。［富兰克林］

◎勤勉能返还借款，自暴会增加负债。［富兰克林］

◎如果你很有天赋，勤勉会使天赋更加完整；如果你能力一般，勤勉会补足其缺陷。［雷诺兹］

◎事情到了执行的时候，迅速就是最好的保密之方。［培根］

◎唯有埋头，才能出头，急于出人头地，除了自寻苦恼之外，不会真正得到什么。［莎士比亚］

◎我之所以为我，完全由于我的工作；我一生从不吃一块不由自己的血汗换来的面包。［富兰克林］

◎要强迫自己工作，不要等到工作来强迫你。［富兰克林］

◎要赢得光荣名誉，须经过曲径崎岖，爬上那座通到不朽声名的峭壁巉岩上去。［维加］

◎业精于勤，荒于嬉。［韩愈］

◎以耕读为本，以勤俭为德。［施耐庵］

◎ 重要的是勤勉。因为唯有勤勉，不仅会给人生活的手段，还能给人生活上的唯一价值。〔席勒〕

青 春

　　青春是一个短暂的美梦，当你醒来时，它早已消失无踪。

——莎士比亚

◎ 创造一切非凡事物的那种神圣的爽朗精神总是同青年时代和创造力联系在一起的。〔歌德〕

◎ 春天是自然界一年里的新生季节；而人生的新生季节，就是一生只有一度的青春。〔西塞罗〕

◎ 凡是希望荣誉而舒适地过晚年的人，他必须在年轻时想到有一天会衰老，这样，在年老时，他也会记得曾有过年轻。〔爱迪生〕

◎ 黄金时代是在我们的前面，而不在背后。〔马克·吐温〕

◎ 没有人会感觉到，青春正在消逝，但任何人都会感觉到，青春已经消逝。〔塞涅卡〕

◎ 你不能同时又有青春又有关于青春的知识。因为青春忙于生活，而顾不得去了解；而知识为着要生活，而忙于自我寻求。〔纪伯伦〕

◎ 年华渐逝——这是任何人都难以忍受的侮辱。〔塞万提斯〕

◎ 青春的辞典里没有失败的字眼。〔李顿〕

◎青春是美妙的，挥霍青春就是犯罪。[萧伯纳]

◎青春是有限的，智慧是无穷的，趁短短的青春，去学习无穷的智慧。

[高尔基]

◎青春须早为，岂能长少年？[孟郊]

◎青春虚度无所成，白首衔悲亦何及。[权德舆]

◎青春应该是：一头醒智的狮，一团智慧的火。醒智的狮，为理性的美而吼；智慧的火，为理想的美而燃。[哥白尼]

◎青春在人的一生中只有一次，而青春时期比任何时期都最强盛美好。因此千万不要使自己的精神僵化，而要把青春保持永远。

[别林斯基]

◎青年人比较适合发明，而不适合判断；适合执行，而不适合磋商；适合新的计划，而不适合固定的职业。[培根]

◎青年人的才能是发明，老年人的才能是判断。[斯威夫特]

◎青年人满身都是精力，正像春天的河水一样丰富。[拜伦]

◎青年时犯错误，成年时同错误进行斗争，老年时为错误而惋惜。

[迪斯累里]

◎青年时种下什么，老年时就收获什么。[易卜生]

◎青年是多么美丽！发光发热，充满了彩色与幻梦，是书的第一章，是永无终结的故事。[朗费罗]

◎青年是掌握智慧的时期，老年是运用智慧的时期。[卢梭]

◎让老年人的智慧来指导青年人的朝气，让青年人的朝气来支持老年人的智慧。[斯坦尼斯拉夫斯基]

◎人生的最大悲痛莫过于辜负青春。[薄伽丘]

◎少年时期的放浪是晚年的汇票，大约在三十年后，即可加上利息支付。[科尔顿]

◎少年像一个快乐的王子，他不问天多高，也不知人间尚有烦恼，一心只想摘下天上的明星，铺一条光辉灿烂的大道。[拜尔]

◎生活赋予我们一种巨大的和无限高贵的礼品，这就是青春，充满着力量，充满着期待、志愿，充满着求知和斗争的志向，充满着希望、信心的青春。[奥斯特洛夫斯基]

◎谁虚度年华，青春就要褪色，生命就会抛弃他。[雨果]

◎世间万物有盛衰，人生安得长少年。[于谦]

◎题诗寄汝非无意，莫负青春取自惭。[于谦]

◎我们是青年，不是畸人，也不是愚人，应当为自己把幸福争过来。

[屠格涅夫]

◎我喜欢青年人身上某些老年人的优点，我也喜欢老年人身上有某些青年人的优点。[西塞罗]

◎无论哪个时代，青年的特点总是怀抱着各种理想和幻想。这并不是什么毛病，而是一种宝贵的品质。[加里宁]

◎希望使君少，因为希望、青春同母生。[雪莱]

◎一个人不论活多大年纪，最初的二十年是他一生中最长的一半。

[萨迪]

◎一个人如果没有浪费半点时间，那么，他的年纪虽然很轻，但也可算是活得很久的了。［培根］

◎有许多人是用青春的幸福作为成功的代价的。［莫扎特］

◎在青年时，你会感觉一日的时间很短，一年的时间很长；到了老年，你就会感觉一年的时间很短，一日的时间很长了。［凯撒］

情 感

生气，是拿别人的错误惩罚自己。

——康德

◎爱挑剔的人总是得不到满足的，永远也不会幸福。［拉封丹］

◎暴怒能使小过变成大祸，有理变为无理。［乔治·桑］

◎暴躁易怒，只不过愚昧怯懦而已。［斯威夫特］

◎不会用理智的人，是只会意气用事的。［西塞罗］

◎不论是别人在跟前或者自己单独的时候，都不要做一点卑劣的事情；最要紧的是自尊。［毕达哥拉斯］

◎不要想到什么就说什么，凡事必须三思而后行。［莎士比亚］

◎不要因为长期埋头科学而失去对生活、对美、对诗意的感受能力。

［达尔文］

◎不与感情相响应的同情，只不过是伪装的自私。[罗素]

◎慈善为外在的行为；同情乃内蕴之感情。[莫泊桑]

◎德性的工具是节制和适度，不是实力。[蒙台涅]

◎对别人述说自己，这是一种天性；认真对待人向你叙述他自己的事，这是一种教养。[歌德]

◎对待别人要能克制忍让，不可怀有仇恨。[富兰克林]

◎对于节制的人来说，每天都是愉快的，每一小时都是有助于勤勉的。[鲍斯威尔]

◎多愁善感是用你自己并不真正有的感情消耗你自己。[劳伦斯]

◎发牢骚的人所能获得的并非同情，而只是轻蔑。[约翰生]

◎凡是有良好教养的人有一禁戒：勿发脾气。[爱默生]

◎愤怒从愚蠢开始，以后悔告终。[毕达哥拉斯]

◎感情淡薄使人平庸。[狄德罗]

◎感情没有发育到某种程度，人的能力就不会表现出来。[培根]

◎感情往往能使一个最聪明的人成为狂人；使一个最愚蠢的人聪明起来。[罗休夫柯]

◎感情像火，在千百种情况下对人是有益的，但当其过分炽烈时，也能毁灭一个人。[波普尔]

◎刚强的人尽管在内心很激动，但他们的见解和信念却像在暴风雨中颠簸的船上的罗盘指针，仍能指出方向。[克劳塞维茨]

◎过分希冀他人的同情，轻蔑这一礼物便跟随而来。〔萧伯纳〕

◎害羞是畏惧或害怕耻辱的情绪，这种情绪可以阻止人不去干某些卑鄙的行为。〔斯宾诺莎〕

◎和蔼可亲的态度是永久的介绍信。〔培根〕

◎激情，这是鼓满船帆的风，风有时会把船吹翻，但没有风，帆船就不能航行。〔伏尔泰〕

◎己所不欲，勿施于人。〔孔子〕

◎教养是有教养的人的第二个太阳。〔赫拉克利特〕

◎洁白的良心是一个温柔的枕头。〔安徒生〕

◎克己乃最大之胜利。〔西塞罗〕

◎冷漠无情，就是灵魂的瘫痪，就是过早的死亡。〔契诃夫〕

◎礼貌周全不花钱，却比什么都值钱。〔塞万提斯〕

◎理智常常受感情的极度左右。〔罗休夫柯〕

◎脸红不是语言，只是一个含糊的旗语。可能有着完全相反的含义。
〔艾略特〕

◎良心是灵魂之声，感情是肉体之声。〔卢梭〕

◎没有宽宏大量的心肠，便算不上真正的英雄。〔普希金〕

◎没有热情，就不能完成世界上的伟业。〔黑格尔〕

◎没有通过激情之炼狱的人从来没有克服过激情。[荣格]

◎没有自尊心,即近于自卑。[莎士比亚]

◎美貌倘若生于一个品行高尚的人身上,当然是很光彩的;品行不端的人在它面前,便要自惭形秽,远自遁避了。[培根]

◎哪怕对自己的一点小小的克制,也会使人变得强而有力。[高尔基]

◎能容小人,是大人;能处薄德,是厚德。[史播臣]

◎你们的理性与热情,是你航行的灵魂的舵和帆。[纪伯伦]

◎贫贱不能移,富贵不能淫,威武不能屈。[孟子]

◎轻视情感的男人们使劲地表达情感,他们越是没有这种情感,就越是吹得天花乱坠。[巴尔扎克]

◎人的理性粉碎了迷信,而人的感情也将摧毁利己主义。[海涅]

◎人的通病是:判断别人和判断自己的标准迥然不同。[贺拉斯]

◎人们烦恼、迷惑,实因看得太近而又想得太多。[罗曼·罗兰]

◎人应具有激情,但是他也应当具有驾驭激情的本领。[波尔]

◎忍耐是一切烦恼的良药。[狄奥克里塔]

◎忍耐是支持工作的一种资本。[巴尔扎克]

◎忍耐与温柔是最大的力量。[哈特]

◎容易发怒,是品格上最为显著的弱点。[但丁]

◎如果世界上少一些同情，世界上也就会少一些麻烦。［王尔德］

◎上帝有两个住所：其一是在天堂，其二是在慈善及富有同情者的心里。［列夫·托尔斯泰］

◎生气是吹灭理智的一阵风。［莫格索尔］

◎谁自重，谁就会得到尊重。［巴尔扎克］

◎思而后行，以免做出蠢事。因为草率的动作和言语，均是卑劣的特征。［毕达哥拉斯］

◎倘若没有理智，感情就会把我们弄得精疲力竭，正是为了制止感情的荒唐，才需要理智。［莎士比亚］

◎同情的甘露是泪珠。［拜伦］

◎同情仅次于爱，是人心最圣洁的感情。［贝克］

◎同情是善良心地所启发的一种感情的反映。［孟德斯鸠］

◎同情是一切道德中最高的美德。［培根］

◎拖延是最足以误人的习惯。［弥尔顿］

◎唯宽可能容人，唯厚可以载物。［薛瑄］

◎我们的激情实际上像火中的凤凰一样，当老的被焚化时，新的又立刻在它的灰烬中出生。［歌德］

◎我们最强烈的感情总是那些最缄默的。［金斯莱］

◎像浪费其他的东西一样，滥用感情也要遭受天罚。［王尔德］

◎小人因受批评而动怒，智者因受指责而得益。[雨果]

◎言行适度，凡事想到别人，是君子的两大特色。[迪斯累里]

◎掩饰一个缺点，结果会暴露另一个缺点。[伊索]

◎一个人对社会的价值，首先取决于他的感情、思想和行动对于人类利益有多大作用。[爱因斯坦]

◎一个人能否成就，只看他是否具备自尊心与自信心两个条件。

[苏格拉底]

◎一个人同情别人的不幸遭遇是很好的，但绝不可同情自己。

[华盛顿]

◎隐藏的忧伤如熄灭之炉，能使心烧成灰烬。[莎士比亚]

◎有谦和、愉快、诚恳的态度，而同时又加上忍耐精神的人，是非常幸运的。[塞涅卡]

◎在缺乏教养的人身上，勇敢就会成为粗暴，学识就会成为迂腐，机智就会成为逗趣，质朴就会成为粗鲁，温厚就会成为谄媚。[洛克]

◎在热情的激昂中，灵魂的火焰才有足够的力量把造成天才的各种材料熔冶于一炉。[司汤达]

◎在生气的时候，不管怎样总要留下退步的余地，绝不可以做出无法挽回的事来。[爱默生]

◎只有尊敬别人的人，才有权受人尊敬。[苏霍姆林斯基]

◎智力首先必须激起勇气这种感情，以便有所依靠和得到支持，因为在紧急时刻，人们受感情的支配比受思想的支配更多些。

[克劳塞维茨]

◎自爱是全生命过程中的第一章恋爱故事。[王尔德]

◎自信心与自尊心是相辅相成的,没有自尊心的人,绝不会有自信心。
[毛姆]

◎自尊心是一个人灵魂的伟大杠杆。[别林斯基]

◎最了解自己的人,对自己的评价最低。[包恩]

人　生

人的一生是短的,但如卑劣地过这短的一生,就太长了。
——莎士比亚

◎啊!到达人生的尽头,才发现自己没活过。[梭罗]

◎爱情、希望、恐惧和信仰构成了人性,它们是人性的标志和特征。
[勃朗宁]

◎爱生活本身甚于爱它的意义。[陀思妥耶夫斯基]

◎不接受后悔的人,也不会承受人生。[阿米艾尔]

◎不进行仔细考虑安排的生活,不值得一活。[柏拉图]

◎不论谁想建立一个国家,并给它定法则,他都应该先假定人都是凶恶的。[马基雅弗利]

◎不是你战胜生活，就是生活将你压碎。［茅盾］

◎不要将过去看成是寂寞的，因为这是再也不会回头的。应想办法改善现在，因为那就是你，毫不畏惧地鼓起勇气向着未来前进。

［朗费罗］

◎不要慨叹生活的痛苦，慨叹是弱者。［高尔基］

◎不要在怀疑与恐惧中浪费生命。［爱默生］

◎出生是一件很凄惨的事，生活下去是一件很痛苦的事，死是一件很麻烦的事。［贝利］

◎除非所有人都获得自由，否则没有一个人能够是完全自由的；除非所有人都有道德，否则没有一个人能被称为完全是有道德的；除非所有人都过得快活，否则没有一个人能够称为是完全快乐的。［斯宾塞］

◎聪明的人警告我说，生命只是荷叶上的一颗露珠。［泰戈尔］

◎但愿每次回忆，对生活都不感到负疚。［郭小川］

◎当一个人尝尽了生活的苦头，懂得了什么叫做生活的时候，他的神经就坚强起来了。［巴尔扎克］

◎当一个人内心开始斗争时，生存就有了价值。［勃朗宁］

◎等到自私的幸福变成了人生唯一的目标之后，人生就会变得没有目标。［罗曼·罗兰］

◎对我来说，人生既没有美丽，也没有罗曼史。人生就是原来的面目。因此，我预备以原来的面目接受人生。［萧伯纳］

◎对人类来说，一生唯有三个事件：诞生、生存和死亡。诞生的时候并无所感，死的时候是痛苦的，但是在活着的当儿却把它遗忘了。

［布留伊艾尔］

◎凡是使生命扩大而又使心灵健全的一切便是善良的；凡是使生命缩减而又加以危害和压榨的一切便是坏的。[杰克·伦敦]

◎改造自己，总比禁止别人来得难。[鲁迅]

◎高尚的生活是受爱激励并由知识导引的生活……没有知识的爱与没有爱的知识，都不可能产生高尚的生活。[罗素]

◎毫无理性、毫无道德地沉溺于享乐的人，他的生活毫无意义。

[康德]

◎和其他所有的东西一样，一个人是否举足轻重，在于他自身的身价，也就是说，在于他发挥多大的作用。[霍姆斯]

◎灰色的理论到处都有，我的朋友，只有生活之树四季常青，郁郁葱葱。[歌德]

◎即使上帝也无法改变过去。[亚里士多德]

◎驾驭人生，挑战人生。[罗丹]

◎假如生活欺骗了你，不要忧郁，也不要愤慨！不顺心的时候暂且容忍：相信吧，快乐的日子就会到来。[普希金]

◎假使你不愿死后即被人们遗忘，那你便应该在活着时写几本值得读的书，或是做几件值得写成书的事。[富兰克林]

◎竭力履行你的义务，你就会知道你到底有多大价值。

[列夫·托尔斯泰]

◎境遇是如同宿命的东西，人的一生结局，就在这框子里营运，要摧毁它是相当困难的。[坪田让治]

◎砍头不要紧，只要主义真。杀了夏明翰，还有后来人。〔夏明翰〕

◎理解生活意义的人显得年轻而长寿。〔巴甫洛夫〕

◎了解生命真谛的人，可以使短促的生命延长。〔西塞罗〕

◎路是脚踏出来的，历史是人写出来的。人的每一步行动都在书写自己的历史。〔吉鸿昌〕

◎没有比人生更艰难的艺术，因为，其他的艺术或学问，到处都有教师。〔塞涅卡〕

◎没有比生命更宝贵的东西，生命想象不到地短暂。〔杜伽尔〕

◎没有目标而生活，犹如没有罗盘而航行。〔康德〕

◎没有人会选择孤立状况的整个世界，因为人是政治生物，他的本性要求与他一起生活。〔亚里士多德〕

◎没有人生活在过去，也没有人生活在未来，现在是生命确实占有的唯一形态。〔叔本华〕

◎没有希望的人生不算人生，没有未来的人生最空虚。〔池田大作〕

◎每个人的一生都应该给后代留下一些高尚有益的东西。〔徐悲鸿〕

◎每个人在他生活中都经历过不幸和痛苦。有些人在苦难中只想到自己，他就悲观、消极，发出绝望的哀号；有些人在苦难中还想到别人，想到集体，想到祖先和子孙，想到祖国和全人类，他就得到乐观和自信。〔冼星海〕

◎那些厌世而又不愿死的人，正是那些生活毫无目的的人，这些人不是在生活，而是在呼吸。〔克拉林顿〕

◎那种得不到遗产继承权的幼子,常常会通过自身奋斗获得好的发展。而坐享其成者,却很少能成大业。[培根]

◎能够使我飘浮于人生的泥沼中而不致陷污的,是我的信心。[但丁]

◎能将自己的生命寄托在他人的记忆中,生命仿佛就加长了一些。
[孟德斯鸠]

◎你若要喜爱你自己的价值,你就得给世界创造价值。[歌德]

◎懦夫失去了比自己生命更多的东西。他虽生犹死,因为他被集体所摈弃。[伏契克]

◎喷泉的高度不会超过它的源头;一个人的事业也是这样,他的成就绝不会超过自己的信念。[林肯]

◎前途并不属于那些犹豫不决的人,而是属于那些一旦决定之后,就不屈不挠、不达目的不罢休的人。[罗曼·罗兰]

◎前途很远,也很暗。然而不要怕。不怕的人的面前才有路。[鲁迅]

◎确定了人生目标的人,比那些彷徨失措的人,起步时便已领先几十步。有目标的生活,远比彷徨的生活幸福。没有人生目标的人,人生本身就是乏味无聊的。[卡耐基夫人]

◎让我们享受人生的滋味吧,我们感受得越多,我们就会生活得越长久。[法朗士]

◎人,就是一条河,河里的水流到哪里都还是水,这是无异议的。但是,河有狭、有宽、有平静、有清澈、有冰冷、有混浊、有温暖等现象,而人也一样。[列夫·托尔斯泰]

◎人当然有一个生活目标,有自己喜爱的梦想,但人总是要显得自己不可缺少,而且为了在生命的旅程中不因错过一日路程而内疚,常常觉

得有必要躺进野草中哼上一句诗，无忧无虑去享受现实生活的可爱之处。[海塞]

◎人的价值蕴藏在人的才能之中。[马克思]

◎人的力量还未被衡量出来呢，我们不能根据他已经完成的事来判断他的力量，他做得少极了。[梭罗]

◎人的生命就是不断地适应再适应。[哈代]

◎人的生命是有限的，可是，为人民服务是无限的。我要把有限的生命，投入到无限的为人民服务之中去。[雷锋]

◎人的一生，或多或少，总是难免有浮沉。不会永远如旭日东升，也不会永远痛苦潦倒。[松下幸之助]

◎人的一生可能燃烧也可能腐朽，我不能腐朽，我愿意燃烧起来。

[奥斯特洛夫斯基]

◎人各有其自己的价值，这是句古老的格言。[威·温德姆]

◎人活一辈子都要建设人生，失掉建设的人生，没有不垮台的。

[池田大作]

◎人就像藤萝，他的生存靠别的东西支持，他拥抱别人，就从拥抱中得到了力量。[蒲柏]

◎人类处于神与禽兽之间，时而倾向一类，时而倾向另一类；有些人日益神圣，有些人变成野兽，大部分人保持中庸。[普罗提诺]

◎人类的命运是受苦与死亡。[荷马]

◎人类既强大又虚弱，既卑琐又崇高，既能洞察入微又常常视而不见。

[狄德罗]

◎人们将会在未来的岁月用微笑来报答你的每一滴泪珠的。[雨果]

◎人若神经紧张、说东道西，就会犹豫不定，反把事情耽误了。耽误的结果是叫人丧志乞怜，寸步难移。[莎士比亚]

◎人生，是两个永恒间留下的空隙，是两块黑暗间发光的瞬间。

[雷哈尼]

◎人生，这伟大的奇迹，我们叹为观止，只因你如此奇妙无比……

[雪莱]

◎人生并不像火车要通过每个站似的经过每一个生活阶段。人生总是一直向前行走，从不留下什么。[刘易斯]

◎人生并非游戏，因此，我们并没有权利只凭自己的意愿放弃它。

[列夫·托尔斯泰]

◎人生不过是一瞬间的事，死也是一刹那的事。[席勒]

◎人生不是一个待解决的问题，而是必须经历的事实。[祁克果]

◎人生不是一支短短的蜡烛，而是一只由我们暂时拿着的火炬；我们一定要把它燃得十分光明灿烂，然后交给下一代的人们。[萧伯纳]

◎人生不是一种享乐，而是一桩十分沉重的工作。[列夫·托尔斯泰]

◎人生的道路充满快乐，而且非常值得行走，但这只能有一次。

[丘吉尔]

◎人生的价值，即以其人对于当代所做的工作为尺度。[徐玮]

◎人生的目的，在于发展自己的生命，可是也有为发展生命必须牺牲生命的时候。[李大钊]

◎人生的一切变化、一切魅力、一切美，都是由光明和阴影构成的。

[列夫·托尔斯泰]

◎人生的艺术是避免痛苦的艺术。[杰弗逊]

◎人生贵有阅历，阅历是要人能惩前毖后改过向善。能做到这样，到老了便能平安幸福。[裴斯泰洛齐]

◎人生过程的景观一直在变化，向前跨进，就看到与初始不同的景观，再上前去，又是另一番新的气候。[叔本华]

◎人生好像一盒火柴，严禁使用是愚蠢的，滥用则是危险的。

[芥川龙之介]

◎人生价值的大小，以人们对社会贡献的大小而制定。[向警予]

◎人生就是石材，要把它雕刻成神的姿态，或是雕刻成魔鬼的姿态，悉听各人的自由。[斯宾塞]

◎人生就是学校，在那里，与其说好的教师是幸福，不如说好的教师是不幸。[诺贝尔]

◎人生就像打橄榄球一样，不能犯规，也不要闪避球，而应向底线冲过去。[罗斯福]

◎人生就像一本书，傻瓜们走马观花似的随手翻阅它，聪明的人用心阅读它。因为他知道这本书只能读一次。[塞尚]

◎人生就像弈棋，一步失误，全盘皆输，这是令人悲哀之事；而且人生还不如弈棋，不可能再来一局，也不能悔棋。[弗洛伊德]

◎人生每一寸光阴都应该有它高尚的目的。[高尔基]

◎人生如河流，我从不怕逆水行舟。[拿破仑]

◎人生如同道路，最近的捷径通常是最坏的路。[培根]

◎人生如同故事，重要的并不在有多长，而是在有多好。[塞涅卡]

◎人生如戏剧，你要怎么演，就演成什么样子，所以你要是做一个成功者，那么你的精神，必须勇猛奋进；你的态度，必须沉着有力。

[卡耐基]

◎人生如戏剧。红演员有时会当叫花子，而三流演员有时扮演大爷。

[福泽谕吉]

◎人生如下棋，必须有远见方能获胜。[巴克斯顿]

◎人生是跋涉，也是旅行；是等待，也是相逢；是探险，也是寻宝；是眼泪，也是歌声。[汪国真]

◎人生是短促的，这句话应该促醒每一个人去进行一切他所想做的事。虽然勤勉不能保证一定成功，死亡可能摧折欣欣向荣的事业，但那些功业未遂的人，至少已有参加创业的光荣，即使他未获胜，却也算战斗过。[约翰逊]

◎人生是伟大的宝藏，我晓得从这个宝藏里选取最珍贵的珠宝。

[显克微支]

◎人生是一场赌博，不管人生的赌博是得是损，只要该赌的肉尚剩下一磅，我就会赌它。[罗曼·罗兰]

◎人生是一场无休、无歇、无情的战斗，凡是要做个够得上称为人的人，都得时时刻刻向无形的敌人作战。本能中那些致人死命的力量、乱人心意的欲望、暧昧的念头、使你堕落使你自行毁灭的念头，都是这一类的顽敌。[罗曼·罗兰]

◎人生是一道山坡。大家正上着的时候，都望着顶上，并且都觉得快乐；但是走到了高处的时候，就忽然望见了下坡的道儿和那个以死亡为结束的终点，上坡的时候是慢慢走的，但是下坡就走得快了。

〔莫泊桑〕

◎人生虽只有几十个春秋，但它绝不是梦一般的幻域，而是有着无穷可歌可泣的深长意义的，附和真理，生命便会得到永生。〔泰戈尔〕

◎人生所有的欢乐是创造的欢乐；爱情、天才、行动——全靠创造这一团烈火迸射出来。〔罗曼·罗兰〕

◎人生太短暂了，事情是这样的多，能不兼程而进吗？〔爱迪生〕

◎人生像一张洁白的纸，全凭人生之笔去描绘，玩弄纸笔者，白纸上只能涂成一滩胡乱的墨迹；认真书写者，白纸上才会留下一篇优美的文章。〔梅特林克〕

◎人生须知负责任的苦处，才能知道尽责任的乐趣。〔梁启超〕

◎人生一征途耳，其长百年，我已走过十之七八。回首前尘，历历在目。崎岖多于平坦，忽深谷，忽洪涛，幸赖桥梁以渡。桥何名欤？曰奋斗。〔茅以升〕

◎人生应为生存而食，不应为食而生存。〔富兰克林〕

◎人生由患难与欢乐组成。〔陶行知〕

◎人生犹如礼拜一的早晨，是蕴含着散文性的。〔梵高〕

◎人生有两个悲剧。一个是万念俱灰，另一个是踌躇满志。〔萧伯纳〕

◎人生犹如一本书，愚蠢者草草翻过，聪明人细细阅读，为何如此？因为他们只能读它一次。〔保罗〕

◎人生在世，不出一番好议论，不留一番好事业，终日饱食暖衣，无所

用心，何自别于禽兽。[苏辙]

◎人生在世，每个人脖子上都扛着个袋子，前面装的是别人的过错和恶事，所以看得清清楚楚；后面装的是自己的过错和恶事，所以从来看不见，除去少数得天独厚的人。[伊索]

◎人生只有两分半钟的时间：一分钟用于笑，一分钟用于叹，半分钟用于爱，因为人在第三分钟里死去。[普鲁塔克]

◎人生只有在斗争中才有价值。[赫尔岑]

◎人生中，有两条路畅通无阻：一是通往理想，一是通向死亡。
[列夫·托尔斯泰]

◎人生中最难学的便是过哪座桥，烧哪座桥。[罗素]

◎人生最宝贵的是生命，人生最需要的是学习，人生最愉快的是工作，人生最重要的是友谊。[斯大林]

◎人生最美好的，就是在你终止生命时，也还能以你所创造的一切为人民服务。[奥斯特洛夫斯基]

◎人生最有趣味的事情，就是送旧迎新，因为人类最高的欲求是在时时创造新生活。[李大钊]

◎人生最终的价值在于觉醒和思考的能力，而不只在于生存。
[亚里士多德]

◎人是人的作品，是文化、历史的产物。[费尔巴哈]

◎人是丧失地位的神。[爱默生]

◎人是一切事的尺度，是存在者之存在、不存在者之不存在的尺度。
[柏拉图]

◎人是最名副其实的社会动物，不仅是一种合群的动物，而且是只有在社会中才能独立的动物。〔马克思〕

◎人必须求生存，必须为求生存而战，必须扬名，必须逐利，必须作冒死的打算。〔德富卢花〕

◎人有了物质才能生存，有了理想才谈得上生活。你要了解生存与生活的不同吗？动物生存，而人则生活。〔雨果〕

◎人真正的完美不在于他拥有什么，而在于他是什么。〔王尔德〕

◎人最宝贵的是生命，生命属于人只有一次。人的一生应当这样度过：当他回首往事时，不会因虚度年华而悔恨，也不会因碌碌无为而羞耻。〔奥斯特洛夫斯基〕

◎任何个人财富都不能成为个人最终的生命价值。〔培根〕

◎如果把人生比之为杠杆，信念则好像是它的"支点"，具备这个恰当的支点，才可能成为一个强而有力的人。〔薄一波〕

◎如果工作是一种乐趣，人生就是天堂！〔歌德〕

◎如果没有人欣赏，乌鸦的歌声也就和云雀一样；要是夜莺在白天杂在群鹅的聒噪里歌唱，人家绝不以为它比鹪鹩唱得更美。多少事情因为逢到有利的环境，才能够达到尽善的境界，博得一声恰当的赞赏。〔莎士比亚〕

◎如果没有任何目的，如果我们只是为了活而活着，那活着大可不必。
〔列夫·托尔斯泰〕

◎如果我们生下来就是八十岁，而慢慢长到十八岁的话，人生会更加快乐无穷。〔马克·吐温〕

◎神圣的工作在每个人的日常事务里，理想的前途在于一点一滴做起。

[谢觉哉]

◎"生"的确是美丽的，乐"生"是人的本分。[巴金]

◎生活，这是一切已知中第一本重要的书。[罗曼·罗兰]

◎生活得最有意义的人，并不就是年岁活得最大的人，而是对生活最有感受的人。[卢梭]

◎生活的道路一旦选定，就要勇敢地走到底，决不回头。[左拉]

◎生活的价值在于创造。[高尔基]

◎生活的伟大艺术不是在尽量享受，而是在其中尽量挖掘出东西来。

[纪德]

◎生活的最大不足就是它永远不能十全十美。[塞涅卡]

◎生活的最重要的部分不是去生活而是对生活的思考。[刘易斯]

◎生活好似演戏，成功与否不在情节有多长，而在演技有多好。

[塞涅卡]

◎生活每时每刻都在用灵敏的天平掂量着我们每个人，待到行将就木，它会让我们每个人知道自己的精确重量。[洛威尔]

◎生活是一粒苦药丸：外面不包糖衣，就没有人能将它吞下。

[约翰生]

◎生活是一辆永无终点的公交车，你买票上车后，会遇见什么样的旅伴就很难说了。[爱默生]

◎生活是一种不断竞争和自我超越。不管你是什么身份、做什么工作，

都需要全部的投入，千万不要存着一种"客串"的心理，得过且过地混日子，那是划不来的事。［席慕容］

◎生活要瞄准两个目标：第一，得到你所想得到的；而后，享受你所得到的。唯有人类中的精英才可达到第二个目标。［史密斯］

◎生活只有在平淡无味的人看来才是空虚而平淡无味的。［车尔尼雪夫斯基］

◎生活着，就是爱。［罗曼·罗兰］

◎生活最沉重的负担不是工作，而是无聊。［罗曼·罗兰］

◎生命，那是自然付给人类去雕琢的宝石。［诺贝尔］

◎生命，如果跟时代的崇高的责任联系在一起，你就会感到它永垂不朽。［车尔尼雪夫斯基］

◎生命不等于是呼吸，生命是活动。［卢梭］

◎生命不可能有两次，但许多人连一次也不善于度过。［吕凯特］

◎生命的第一个行动是创造的行动。［罗曼·罗兰］

◎生命的价值不在于时间的长短，而在于你如何利用它。［蒙田］

◎生命的最大用处是将其用在某件能比生命更长久的事物上。

［詹姆斯］

◎生命会给你所要的东西，只要你不断地向它要，只要你在要的时候讲得清楚。［爱因斯坦］

◎生命如流水，只有在它的急流奔向前去的时候，才美丽，才有意义。

［张闻天］

◎生命如同寓言，其价值不在于长短，而在于内容。[塞涅卡]

◎生命是人的光。[列夫·托尔斯泰]

◎生命是无尽的享受，永远的快乐，强烈的陶醉。[罗丹]

◎生命是一个需要解决的疑团，是一个需要回答的问题，或者是一个需要探测的奥秘。总之，它是一个值得追求的冒险。[拿破仑]

◎生命是一支越燃越亮的蜡烛，是一份来自上帝的礼物，是一笔留给后代的遗产。[惠特曼]

◎生命用时间来计算，生命的价值用贡献计算。从物质的消耗中谋求欢乐，才是人生真正的悲哀。[裴多菲]

◎生命有如铁砧，愈被敲打，愈能发出火花。[伽利略]

◎生命在闪光中现出绚烂，在平凡中现出真实。[伯克]

◎生命只有在以某种有价值的东西做目的时，它自身才有一种价值。

[黑格尔]

◎生使一切人站在一条水平线上，死使卓越的人露出头角来。

[萧伯纳]

◎胜利和眼泪，这就是人生！[巴尔扎克]

◎什么是生命？它并不是像冷酷的理智和我们的肉眼所见到的那个模样，而是我们幻想中的那个模样。生命的节奏是爱。[罗曼·罗兰]

◎什么是伟大的一生？少年时的志愿在寿终前得以实现，就是伟大的一生。[维尼]

◎时间会刺破青春表面的彩饰，会在美人的额上掘深沟浅槽，会吃掉稀世之珍！天生丽质，什么都逃不过它那横扫的镰刀。［莎士比亚］

◎世间一切事物中，人是第一个可宝贵的。［毛泽东］

◎世界上只有两种生活方式：腐烂和燃烧。胆小如鼠、贪得无厌之徒选择前者；见义勇为、慷慨无私之士选择后者。［高尔基］

◎世上人的本性都是一样的，但教育和习惯却使它们的表现形式不尽相同，因此，我们必须隔着各种外衣对它们加以认识。

［查斯特菲尔德］

◎世上只有一个真理，便是忠实于人生，并且爱它。［罗曼·罗兰］

◎谁踏踏实实地看待人生，谁就能将人生看透。［阿诺德］

◎谁要游戏人生，他就一事无成；谁不能主宰自己，永远是一个奴隶。

［歌德］

◎所谓活着的人，就是不断挑战的人、不断攀登命运险峰的人。

［雨果］

◎所谓人生，是一刻也不停地变化着的，是肉体生命的衰弱和灵魂生活的强化、扩大。［列夫·托尔斯泰］

◎所谓生命，就是一种力量，它时刻都在征服周围的一切事物，弱肉强食，把其他东西的力量吸收为自己的力量，而且天衣无缝地高度统一起来。［佐藤春夫］

◎所有成功的人都承认自己是因果论者；他们相信成败不是由于命运，而是由于定律，相信在结合开始与终结的一件事的连贯中并没有一个脆弱或破裂的环节。［爱默生］

◎所有人的生命都是一部历史。［莎士比亚］

◎太如意的生活便是平凡的生活，太容易获得的东西便不是贵重的东西。［茅盾］

◎倘若人不升空成为天使，毫无疑问，他将下沉成为魔鬼。

［柯勒律治］

◎倘使没有自负的话，人生就索然无味了。［罗休夫柯］

◎推动你的事业，不要让你的事业推动你。［爱因斯坦］

◎为了成功地生活，少年人必须学习自立，铲除埋伏各处的障碍，家庭要教育他，使他具有为人所认可的独立人格。［卡耐基］

◎为了生活中努力发挥自己的作用，热爱人生吧。［罗丹］

◎为真理而斗争是人生最大的乐趣。［布鲁诺］

◎我爱人生，所以我愿像一个狂信者那样投身到生命的海里。［巴金］

◎我的人生正是：使事业成为喜悦，使喜悦成为事业。［罗素］

◎我的生命属于整个社会，在我有生之年，尽我力所能及为整个社会工作，这就是我的特殊的荣幸。［萧伯纳］

◎我们并不是照希望那样生活，而是照可能那样生活。［米南德］

◎我们不得不饮食、睡眠、游玩、恋爱，也就是说，我们不得不接触生活中最甜蜜的事情，不过我们必须不屈服于这些事物。［居里夫人］

◎我们不能控制生活，但是我们能够和它斗争。［高尔斯华绥］

◎我们得到生命的时候带有一个不可缺少的条件：我们应当勇敢地保护

它，一直到最后一分钟。[狄更斯]

◎我的一生始终保持这样一个信念：生命的意义在于付出，在于给予，而不在于接受，也不在于争取。[巴金]

◎我们的人生随着我们花费多少努力而具有多少价值。[莫里亚克]

◎我们的生活一部分由愚蠢组成，一部分由智慧组成。[蒙田]

◎我们的生命是天赋的，我们唯有献出生命，才能得到生命。

[泰戈尔]

◎我们的生命像世界的协奏曲，由相异的因素组成，由各种各样的声调组成——美妙的和刺耳的、尖锐的和平展的、活泼的和庄严的。

[蒙田]

◎我们的生命虽然短暂而且渺小，但是伟大的一切都由人的手所创造。

[屠格涅夫]

◎我们的心永远向前憧憬，尽管生活在阴沉的现在：一切都是暂时的，转瞬即逝，而那逝去的将变为可爱。[普希金]

◎我们活着不能与草木同腐，不能醉生梦死、枉度人生，要有所作为。

[方志敏]

◎我们生命的一半就用于想办法找事情做，以打发匆忙的生活节省下来的时间。[罗杰斯]

◎我们像这灯火、这星星一样发光，我们像这波浪一样呼吸，我们像在风浪中磨损的船只一样受苦。风把船吹向目的地；上帝呼出的气息把我们吹向人生的港口。[大仲马]

◎我们一来到世间，社会就会在我们面前树起一个巨大的问号：你怎样度过自己的一生？我从来不把安逸和享乐看做是生活目的本身。[爱

因斯坦]

◎我们应该不虚度一生,应该能够说:"我已经做了我能做的事。"

[居里夫人]

◎我们越是忙越能强烈地感到我们是活着,越能意识到我们生命的存在。[康德]

◎我评定一个人的真正价值只有一个标准,即:看他在多大程度上摆脱了"自我",他摆脱了"自我",又是为什么。[爱因斯坦]

◎我认为没有比那些只顾自己鼻尖底下一点事情的人更可悲的了。

[罗斯福]

◎我是个人,凡是合乎人性的东西,我都觉得亲切。[马克思]

◎我所要做的只是以我微薄之力来为真理和正义服务,即使不为人所喜欢也在所不惜。[爱因斯坦]

◎我在每一天里重新诞生,每天都是我新生命的开始。[左拉]

◎我之所谓存在,并不是苟活;所谓温饱,并不是奢侈;所谓发展,也不是放纵。[鲁迅]

◎相信生活,它给人的教益比任何一本书籍都好。[歌德]

◎向命运要求一种惠赐,比保持其惠赐容易得多。[贺拉斯]

◎向前跨一步,可能会发现一条意外的小路。生活如山路,向前跨一步,便可发现一条更好的路;使生活更充实,更有乐趣。

[松下幸之助]

◎幸运所生的德性是节制,厄运所生的德性是坚忍。[培根]

◎要是已经活过来的人生只是个草稿，另有一段誊写的人生，该有多好。[契诃夫]

◎要像对待生命的最后一天那样对待每一天。[西塞罗]

◎要真正体验生命，你必须站在生命之上。为此要学会向高处攀登，为此要学会俯视下方。[尼采]

◎要知道，人生是一条漫长的路，有我们看不见的分岔，多得不计其数。最高明的棋手，也只能料到以后的几步棋。[陀思妥耶夫斯基]

◎一般地说，艰苦的生活一经变成了习惯，就会使愉快的感觉大为增加，而舒适的生活将会带来无限烦恼。[卢梭]

◎一般说，在生活里，中间的道路总是最好的道路，但是在艺术里，在科学里，在思想活动的领域里，中间的道路除了默默无闻的死亡外，没有别的去处。[谢甫琴科]

◎一旦你知道，你对别人也还有些用处，这时候你才感到自己生活的意义和使命。[茨威格]

◎一个尝试错误的人生，不但比无所事事的人生更荣耀，并且更有意义。[萧伯纳]

◎一个勤奋的人虽然会因为他的勤奋而损害到他的见地或者精神上的清新与创意，但是他依然会受到褒奖。[尼采]

◎一个人不论干什么事，失掉恰当的时节、有利的时机，就会前功尽弃。[柏拉图]

◎一个人的意义不在于他的成就，而在于他所企求成就的东西。

[纪伯伦]

◎一个人活在世上，应该像一支两头点亮的蜡烛。[卢森堡]

◎一个人应当摒弃那些令人心颤的杂念，全神贯注地走自己脚下的人生之路。[斯蒂文森]

◎一个人应当好好地安排生活，要使每一刻的时光都有意义。

[屠格涅夫]

◎一个人在科学探索的道路上，走过弯路，犯过错误，并不是坏事，更不是什么耻辱，要在实践中勇于承认和改正错误。[爱因斯坦]

◎一个人正在过的生活不一定是他真正应该过的生活。[王尔德]

◎一个真正的人，应该为人民用尽自己的才智、专长和精力，再离开人间。不然，他总会感到遗憾，浪费了有限的生命。[曹禺]

◎应当以事业而不应以寿数来衡量人的一生。[塞涅卡]

◎庸俗地活着就丧失了人生的价值，为自己寻求庸俗乏味的生活的人，才是真正可怜而渺小的。[约尔旦]

◎用特写镜头看生活，生活是一个悲剧；但用长镜头看生活，生活则是个喜剧。[卓别林]

◎有的人活着，他已经死了；有的人死了，他还活着。[臧克家]

◎有理想、充满社会利益的、具有明确目的的生活，是世界上最美好和最有意义的生活。[加里宁]

◎有没有人性这种东西？当然有的。但是只有具体的人性，没有抽象的人性。在阶级社会里就是只有带阶级性的人性，而没有什么超阶级的人性。[毛泽东]

◎有所作为是生活中的最高境界。[恩格斯]

◎有一些宝贵的东西作为它的目标时，生活才有价值。[黑格尔]

◎与其说小说好像是生活，不如说生活就像是小说。[乔治·桑]

◎愿你们每天都愉快地过着生活，不要等日子过去了才找出它们的可爱之点，也不要把所有特别合意的希望都放在未来。[居里夫人]

◎芸芸众生，孰不爱生？爱生之极，进而爱群。[秋瑾]

◎运气通常照顾深思熟虑者。[诺贝尔]

◎在对生活存着理智清醒的态度的情况下，人们就能够战胜他们过去认为不能解决的悲剧。[车尔尼雪夫斯基]

◎在人们的社会生活中，如同生产所需的物质资源一样，人也受到了无个性的和有效的处理。[韦伯]

◎在人生的道路上，谁都会遇到困难和挫折，就看你能不能战胜它。战胜了，你就是英雄，就是生活的强者。[张海迪]

◎在人生的海洋上，最痛快的事是独断独航，但最悲惨的却是回头是岸。[哥伦布]

◎在人生中最艰难的是选择。[莫尔]

◎在个人跟社会发生任何冲突的时候，有两件事必须考虑第一是哪方面对，第二是哪方面强。[泰戈尔]

◎在我们了解什么是生命之前，我们已经将它消磨了一半了。

[哈伯特]

◎掌握着将来的人才是正确的人。[比昂逊]

◎真诚的朋友，良好的书本和沉睡的良心，这就是理想的生活。

[马克·吐温]

◎真正的圣者的信条是善用生命，充分地利用生命。[斯宾塞]

◎真正的价值并不在人生的舞台上，而在我们扮演的角色中。[席勒]

◎支配战士行动的是信仰。他能够忍受一切艰难、痛苦，而达到他所选定的目标。[巴金]

◎知识、爱情和权力构成完整的生命。[阿米艾尔]

◎只为家庭活着，这是禽兽的私心；只为一个人活着，这是卑鄙；只为自己活着，这是耻辱。[奥斯特洛夫斯基]

◎只要有可能，人人都会成为暴君，这是大自然赋予人的本性。

[笛福]

◎只要有生命，就会有希望。[塞万提斯]

◎只有智者视人生如节日。[爱默生]

◎重要的不是永恒的生命，而是永恒的活力。[尼采]

◎自然赋予人类以无数的欲望和需要，而对于缓和这些需要，却给了他以薄弱的手段。人只有社会，才能弥补他的缺陷。[休谟]

◎自我感觉就是人的价值。[拉伯雷]

◎最本质的人生价值就是人的独立性。[布迪里]

◎最先朝气蓬勃地投入新生活的人，他们的命运是令人羡慕的。

[马克思]

◎作为一个人，要不经历人世上的悲欢离合，不跟生活打过交道，就不能真正懂得人生的意义。[杨朔]

人 性

当人是兽时，他比兽还坏。

——泰戈尔

◎单纯为自己的利益而打算的人，死了对人类倒是一种好处。〔富勒〕

◎道大，天大，地大，人亦大。域中有四大，而人居其一焉。〔老子〕

◎地球上一切美丽的东西都来源于太阳，而一切美好的东西都来源于人。〔普里什文〕

◎动物认为它的整个工作就是生存，而人只有在得到工作的机会时，他才认为生活是有意义的。〔赫尔岑〕

◎华丽的服装是裁缝师傅缝制的，官阶和爵位是礼部衙门制定的。等级不过是货币的标志，而人是黄金。〔彭斯〕

◎每一个人都是一个小小的海湾。〔爱迪生〕

◎期望得到赞许和尊重，它根深蒂固地存在于人的本性中，要是没有这种精神刺激，人类合作就完全不可能。〔爱因斯坦〕

◎人，从本性上说，既不善也不恶。〔霍尔巴赫〕

◎人，最完美的时候是动物中的佼佼者。但是，当他与法律和正义隔绝以后，他便是动物中最坏的东西。〔亚里士多德〕

◎人必须认识自己，如果这不能有助于发现真理，至少这将有助于规范自己的生活；没有别的比这更为正确的了。〔帕斯卡尔〕

◎人的本性中绝无行善或作恶的所谓坚定不移的决心，除非在断头台上。[霍桑]

◎人的本性总是想他人依照自己的意思而生活。[斯宾诺莎]

◎人的本质并不是单个人所固有的抽象物。在其现实性上，它是一切社会关系的总和。[马克思]

◎人的天性，常在看到别人的弱点时，感觉到自己的力量，在最真诚的怜悯之中，更混入一种不可言喻的温情。[莫洛亚]

◎人的天性里都有一种一旦公开说了出来，就必然会招到反感的东西。
[歌德]

◎人的意义不在于他们所达到的，毋宁在于他所希望达到的。
[纪伯伦]

◎人是不容易被发现的，尤其最难被自己发现。[尼采]

◎人类的天性如此奇妙，总是乐意把爱慕奉送给那些最不稀罕它的人。
[罗素]

◎人是多么了不起的一件作品！理性是多么高贵，力量是多么无穷；仪表和举止是多么端正，多么出色；论行动，多么像天使；论了解，多么像天神。宇宙的精华，万物的灵长！[莎士比亚]

◎人是高贵的创作物，像设计所要求的那样完美；没有疑问，他是构成大全的一部分，比地球上其他生物的地位要高。[普罗提诺]

◎人是世界的主人，年轻、美丽，征服了世界，改造了大地；会使草木生长，能和树木、野兽、天神谈心。[罗曼·罗兰]

◎人是万事万物的中心，是世界之轴。[培根]

◎人是万物的尺度，是存在的事物、存在的尺度，也是不存在的事物、不存在的尺度。[普罗泰戈拉]

◎人是唯一知道羞耻和有必要知道羞耻的动物。[马克·吐温]

◎人是寻求意义的动物。[柏拉图]

◎人是一个初生的孩子，他的力量，就是生长的力量。[泰戈尔]

◎人是一种使用工具的动物。到处可以见到他在使用工具；没有工具他一筹莫展，有了工具他无所不能。[卡莱尔]

◎人首先是个把自我向着一个未来推进而且知道自己正是在这样做的生物。[萨特]

◎人天生优于牲畜和其他动物。动物只有感觉的快乐，本能推动它们去寻找这种快感。但是人的心灵是在学习和思考的哺育下的。他永远在探索或在做一些事情。他沉浸在探索和学习的快乐之中。[西塞罗]

◎人性不是一架机器，不能按照一个模型铸造出来，又开动它毫厘不爽地去做替它规定好了的工作；它毋宁像一棵树，需要生长并且从各方面发展起来，需要按照那使它成为活东西的内在力量的趋向生长和发展起来。[约翰·密尔]

◎人性的确是这样的，既肯轻信又爱怀疑，说它软弱又很顽固，自己打不定主意，为别人做事倒又很有决断。[萨克雷]

◎人不过是一根芦苇，是自然界最柔弱的东西，但却是一根有思想的芦苇。[帕斯卡尔]

◎人只有在人们中间才能成为人。[贝歇尔]

◎水火有气而无生，草木有生而无知，禽兽有知而无义；人有气、有生、有知亦且有义，故最为天下贵也。[荀子]

◎说人是一种力量和软弱、光明和盲目、渺小和伟大的复合体，这并不是责难人，而是为人下定义。［狄德罗］

◎天性好比种子，它既能长成鲜花，也可能长成毒草。人应当时时检查，以培养前者而拔除后者。［培根］

◎我们需要更多地了解人的本性，因为唯一真正的危险存在于人的本身之中……人类自己就是一切罪恶的根源。［荣格］

◎也许人的天性就是如此，不能始终只有虚假的思想，也不会始终只有真实的爱；不能始终温柔，也不能始终残忍。［伏尔泰］

◎一个人的本性，不在于他向你显露的那一面，而在于他所不能向你显露的那一面。［纪伯伦］

◎游鱼沉默于水中，野兽喧闹于大地，飞鸟在空中歌唱。可是人啊，他具有海洋的沉默，大地的喧闹，天牢的乐章。［泰戈尔］

◎在只面对自我的时候，人的真性是最容易显露的，因为那时人最不必掩饰。［培根］

◎只有按照正常的法规生活，人才不同于动物。［列夫·托尔斯泰］

荣 誉

世界上荣誉的桂冠，都是用荆棘编织而成的。

——卡莱尔

◎百人誉之不加密，百人毁之不加疏。[苏洵]

◎被同一石块绊倒两次是一种耻辱。[西塞罗]

◎不经艰苦就得不到桂冠，不经磨难就得不到成就，不经灾祸就得不到荣誉。[查斯特菲尔德]

◎不论用什么方法获得名誉，如果后面没有品德来扶持，名誉终必消失。[华盛顿]

◎不朽之名誉，独存于德。[彼特拉克]

◎不学无术之辈不能贬低名副其实的赞美，不学无术之人所夸赞的，算不得是赞美。[别林斯基]

◎大部分男人喜欢阿谀，是因为他们自卑；而女人喜欢阿谀，则相反的是因为她们骄傲。[斯威夫特]

◎当你做成功一件事，千万不要等待着享受荣誉，应该再做那些需要做的事。[巴斯德]

◎还有比生命更重大的，就是荣誉。[席勒]

◎黄金的枷锁是最重的。[巴尔扎克]

◎记住，征服荣誉胜过赢得的荣誉。[达·芬奇]

◎拒绝赞美的人，是要求再度被赞美。[罗素]

◎宽恕别人的过失，就是自己的荣誉。[所罗门]

◎藐视虚荣的人，才能得到真正的荣誉。[李维]

◎名望？那只是光荣的零头而已。[雨果]

◎名誉和美德是心灵的装饰，若没有它，那肉体虽然有美，也不应该认为美。[塞万提斯]

◎你不能靠你将要去做的事建立声誉。[福特]

◎你该将名誉作为你最高人格的标志。[牛顿]

◎品德和名誉，有如一棵树的生命和枝叶，枝叶是否茂盛，全看生命有无生气。[华伦]

◎品行是一个人的内在，名誉是一个人的外貌。[莎士比亚]

◎群众的赞美是随风转向的。[布莱特]

◎人不可无耻，无耻之耻，无耻矣。[孟子]

◎人生宝贵驹过隙，唯有荣名寿金石。[顾炎武]

◎荣誉就像河流：轻浮的和空虚的荣誉浮在河面上，沉重的和厚实的荣誉沉在河底里。[培根]

◎荣誉就像玩具，只能玩玩而已，绝不能永远守着它，否则就将一事无成。[居里夫人]

◎荣誉就像萤火虫，远看闪闪发光，但近看既没有热，也不发光。

[韦伯斯特]

◎荣誉使我变得越来越愚蠢。当然，这种现象是很常见的，就是一个人的实际情况往往与别人认为他是怎样很不相称。比如我，每每小声咕噜一下也变成了喇叭的独奏。[居里夫人]

◎荣誉是热情站在阳光中的影子。[纪伯伦]

◎傻子阿谀自己，聪明人谄媚傻子。[波尔维]

◎生命，是每一个人所重视的，可是高尚的人重视荣誉远过于生命。
　　　　　　　　　　　　　　　　　　　　　　　　　　　　[莎士比亚]

◎贪财乃万恶之源，名誉的墓场。[莎士比亚]

◎通常是不想成名的人反而成名。[霍姆斯]

◎通向荣誉的道路是由劳动铺设的。[普卜利西尔]

◎通向荣誉的路上，并不铺满鲜花。[但丁]

◎我把你们的奖金当做荣誉的借款，它帮助我获得了初步的荣誉。借款理应归还，请把它再发给另一些贫寒而又立志争取更大荣誉的波兰青年。[居里夫人]

◎我不能说我不珍惜荣誉，并且我承认它很有价值，不过我却从来不曾为追求这些荣誉而工作。[法拉第]

◎无瑕的名誉是世间最纯粹的珍珠。[莎士比亚]

◎喜欢被人谄媚与阿谀是所有疾病中最流行与最恶性的一种思想疾病。
　　　　　　　　　　　　　　　　　　　　　　　　　　　　[斯蒂尔]

◎先义而后利者荣，先利而后义者辱。[荀子]

◎贤人哲士是绝不追求运气的，然而他对于光荣却不能无动于衷。
　　　　　　　　　　　　　　　　　　　　　　　　　　　　[卢梭]

◎羞耻心是人的第二内衣。[司汤达]

◎一个科学家应该考虑到后世的评论，不必考虑当时的辱骂或称赞。
　　　　　　　　　　　　　　　　　　　　　　　　　　　　[巴斯德]

◎一个人的名誉，好像他的影子，有时比他长，有时跟着走，有时在前行。[孟德斯鸠]

◎有些责骂是赞扬人的，也有些赞扬是带着讽刺的。[罗休夫柯]

◎在光荣与至善的希望中，我无畏地向前远眺。[莱蒙托夫]

◎赞美不值得赞美的人，无非是一种近于伪装的诽谤。[孟德斯鸠]

◎至乐无乐，至誉无誉。[庄子]

◎最聪明的奉承者，是做一些你所喜欢的事，但却不表明那是为你而做的。[波普尔]

◎最高超的奉承是让别人说下去，而自己倾听。[爱迪生]

善 恶

舍善而趋恶不是人类的本性。

——柏拉图

◎不要到外界事物中去寻找善，到你自身中去寻找。如果你不做善事，你就找不到它。[爱比克泰德]

◎存心作恶的人，永远不会缺乏机会。[贺拉斯]

◎对于道德的实践来说，最好的观众就是人们自己的良心。[西塞罗]

◎妨碍有理性的生活的东西就是恶。[斯宾诺莎]

◎好人一生最好的部分，是他的细小的、无名的、不被记忆的善行及仁慈。[华兹华斯]

◎很多人犯相同的罪而得到不同的结果。有些人为自己的罪背起了十字架，有些人却因罪而戴上了冠冕。[朱文诺]

◎怙恶不悛的人，不如半善不恶的人，他更容易败坏风俗。[培根]

◎乐善不倦，从善如流。[孟子]

◎没有信仰和希望，就不可能有仁慈。[阿奎那]

◎美德是勇敢的，善良从来不害怕什么。[莎士比亚]

◎人而好善，福虽未至，其祸远矣；人而不好善，祸虽未至，其福远矣。[徐幹]

◎仁爱是一种哑巴也能够讲、聋子也能够听懂的言语。[波菲]

◎如果一个人不能正确地直视恶，他就绝不会搞清楚恶实际上是什么，因而也不能同它进行有效的斗争。[萧伯纳]

◎善良的人不是行善的人，而是不作恶的人。[克柳切夫斯基]

◎善良是一桩伟大的事。但是，教人如何行善，更是伟大，而且更轻而易举。[马克·吐温]

◎善是被动的，它服从于理性。恶是主动的，它产生于作为。善是天堂，恶是地狱。[布莱克]

◎善不可失，恶不可长。[左丘明]

◎善恶的区别，在于行为的本身，不在于地位的有无。[莎士比亚]

◎善不是一种学问，而是一种行为。[罗曼罗兰]

◎使自己获得好处的最佳方法，是将好处施给别人。[塞涅卡]

◎为人设想多，为己设想少，抑制私欲，实施慈爱之念，即构成人性之完美。[亚当·斯密]

◎我要把善恶都直率、坦白地讲出来，既不隐瞒什么不好的东西，也不附加什么好的东西。[卢梭]

◎我们祈祷上帝慈悲，自己就应该做一些慈悲的事。[莎士比亚]

◎相信别人的善性并不是否定自己的善性。[蒙台涅]

◎要是我们看到了丑恶，却不用愤怒的手指把它点出来，那我们也离丑恶不远了。[克雷洛夫]

◎越是善良的人，越觉察不出别人的居心不良。[米列]

◎与善人行善会使其更善，与恶人行善会使其更恶。[罗曼罗兰]

◎一件事情有一个开头，必然就有其结尾：这个结尾是个重要的事情，其中没有善就必然是恶。[普洛丁]

◎阴谋陷害别人的人，自己会首先遇到不幸。[伊索]

◎永生是至善，永死是至恶。[奥古斯丁]

◎只有为善的人是高贵的；仁心胜过冠冕。[丁尼生]

◎终身为善不足，一朝行恶有余。[荷马]

审 美

比起人来,最美的猴子也是丑的。

——赫拉克利特

◎悲壮美是洋溢着最感人的美。[伯克]

◎避开恶行就是美德,最高的智慧就是摆脱愚蠢。[贺拉斯]

◎产生快感的叫做美,不产生快感的叫做丑。[斯宾诺莎]

◎崇高是至高无上的美,是使人陶醉的美。[郎加纳斯]

◎创造美就是艺术。[爱默生]

◎从我们心中夺走对美的爱,也就夺走了生活的全部魅力。[卢梭]

◎当美的灵魂与美的外表和谐地融为一体,人们就会看到,这是世上最完善的美。[柏拉图]

◎凡是美好的都是真实的,也是永不磨灭的。[泰戈尔]

◎凡是使人喜欢的东西就是美。[托尔斯泰]

◎凡是一眼见到就使人愉快的东西,才叫做美的。[阿奎那]

◎各种事物能使人一见而生快感即称为美。[阿奎那]

◎假如没有内在的美,任何外貌的美都是不完备的。[雨果]

◎矫揉造作、失去真实的不是美,充满了富贵荣华的名利思想,也不是真美。[孟德斯鸠]

◎灵魂的美胜于身体的美。［布鲁诺］

◎流行是一种无法忍受的丑陋。所以，我们每半年都要更换流行一次。［王尔德］

◎"美"的欣赏，是可以意会而不可以言传的；这虽然随各人的心境志趣嗜好而不同。［富兰克林］

◎美德像珍贵的香料，被焚烧或磨碎时最芬芳，因为顺境中最容易显出恶习，只有在逆境中才容易发现美德。［培根］

◎美的东西总是与人生的幸福和欢乐相连。［车尔尼雪夫斯基］

◎美的事物都是永远不绝的喜悦源泉。［济慈］

◎美的形象是丰富多彩的，而美也是到处出现的……人类本性中就有普遍的爱美的要求。［黑格尔］

◎美的最高理想要在内在与形式的尽量完美的结合与平衡里才可以找到。［席勒］

◎美而无德，犹如没有香味的花，虚有其表。［笛福］

◎美就是真理；真理就是美。［济慈］

◎美丽的外表是无言的介绍信。［贺拉斯］

◎美丽的姿态胜过美丽的面孔，美丽的行为胜过美丽的姿态。

［爱默生］

◎美丽是上帝赐给女人的第一件礼物，也是上帝第一件夺走她的东西。

［莎士比亚］

◎美是到处都有的。对于我们的眼睛,不是缺少美,而是缺少发现。

[罗丹]

◎美是那不凭借概念而普遍令人愉快的。[康德]

◎美有两种,即甜美与尊严,我们应把甜美视为女人的特性,把尊严视为男人的特性。[西塞罗]

◎美有三个要素:第一是一种完整或完美,凡是不完整的东西就是丑的;其次是适当的比例或和谐;第三是鲜明,所以鲜明的颜色是公认为美的。[阿奎那]

◎美只有一种典型,丑却有千种。[雨果]

◎宁愿面貌丑陋,不愿思想丑陋。[霭理士]

◎全部的美,都是由纯洁的血液和伟大的脑髓产生出来的。[惠特曼]

◎人的一切都应该是美的:心灵、面貌、衣裳。[契诃夫]

◎任何恶德的外表也都附有若干美丽的标志。[莎士比亚]

◎如果你歌颂美,即使你是在沙漠的中心,你也会有听众。[纪伯伦]

◎若是要把感性的人变成理性的人,唯一的路径是先使他成为审美的人。[席勒]

◎什么是美?美就是我们所爱的东西。不是因为美才可爱,而是因为可爱才美的。[列夫·托尔斯泰]

◎什么是美德?恩惠施于同胞。[伏尔泰]

◎外表的美是它的内在的道德源泉。[苏霍姆林斯基]

◎外貌美只能取悦一时，内心美方能经久不衰。[歌德]

◎我们并不鄙弃一切有陋习的人，但我们鄙弃一点美德都没有的人。
[罗休夫柯]

◎心灵美就是精神的美与道德的美。[库申]

◎一个人的美不在外表，而在才华、气质和品质。[马雅可夫斯基]

◎一切美的东西都是出类拔萃的东西。但并非所有出类拔萃的东西都是美。[车尔尼雪夫斯基]

◎因为情感真，所以美；因为情感美，所以善；因为情感善，所以写出来的东西自然要高。[孟德斯鸠]

◎优美就在于：每一个举动与姿势都是最轻便、最适当、最自然地做成的。[叔本华]

◎在一切创造物中间，没有比人的心灵更美更好的东西了。[海涅]

◎在作家看来，一切都是美，只有美才能打动人的心灵，给人以真正的艺术享受。[莫泊桑]

◎真实就是美，与真实对立的就是丑。[普洛丁]

◎真正的美和真正的智慧一样，是非常朴素的。[高尔基]

◎真正美的东西，必须一方面跟自然一致，另一方面跟理想一致。
[席勒]

失 败

一经打击就灰心丧气的人，永远是个失败者。

——毛姆

◎不会从失败中找寻教训的人，他成功的路是遥远的。[拿破仑]

◎匆促可败事，踏实可成事。[西乡隆盛]

◎错误和失败虽多，但是并没有容你后悔的余地。[海塞]

◎辉煌的人生，并不在于长久不败，而是在于不怕失败。[拿破仑]

◎默认自己无能，无疑是给失败制造机会！[拿破仑]

◎失败是坚忍的最后考验。[俾斯麦]

◎失败是迈向新的灿烂的幻想之路上的起步。[开普勒]

◎失败是一种教训，它是情况好转的第一步。[菲利普斯]

◎失败也是我需要的，它和成功对我一样有价值。只有在我知道一切做不好的方法以后，我才知道做好一件工作的方法是什么。[爱迪生]

◎所谓失败就是说，一个人已经做错事情，却又不能从错误中得到教训。[哈伯特]

◎一个人失败的最大原因，是对自己的能力不敢充分信任，甚至认为自己必将失败无疑。[富兰克林]

◎一个失败只证明这一件事：我们成功的决心还不够强烈。[波维]

◎一切成败得失都在于我们自己，但我们却往往诱之于天意。

[莎士比亚]

◎一时的成就以多年的失败为代价而取得。[勃朗宁]

时　间

对于生存的人，是没有明天的；死了的人则没有今天。

——杰克逊

◎把活着的每一天看做生命的最后一天。[海伦·凯勒]

◎别指靠将来，不管它多么迷人！让已逝的过去永久埋葬！行动吧——趁着今天的时光。[朗费罗]

◎不管饕餮的时间怎样吞噬着一切，我们要在这一息尚存的时候，努力博取我们的声誉，使时间的镰刀不能伤害我们。[莎士比亚]

◎不要老叹息过去，它是不再回来的；要明智地改善现在。要以不忧不惧的坚决意志投入扑朔迷离的未来。[朗费罗]

◎不要为已消逝的年华叹息，必须正视匆匆溜走的时光。[布莱希特]

◎不要在已成的事业中逗留着！[巴斯德]

◎步伐有三种：未来姗姗来迟，现在像箭一般飞逝，过去永远静立不动。[席勒]

◎趁暮年还很遥远、我们还年轻的时候，我们要珍惜时光、因为厄运会在我们还未觉察时，来到我们身旁。［赫里克］

◎除了聪明没有别的财产的人，时间是唯一的资本。［巴尔扎克］

◎春光不自留，莫怪东风恶。［莎士比亚］

◎从不浪费时间的人，没有工夫抱怨时间不够。［杰弗逊］

◎等你们六十岁的时候，你们就会珍惜由你们支配的每一个钟头了。
　　　　　　　　　　　　　　　　　　　　　　　　　［爱因斯坦］

◎凡是想获得优异成果的人，都应该异常谨慎地珍惜和支配自己的时间。［克鲁普斯卡娅］

◎放弃时间的人，时间也放弃他。［莎士比亚］

◎敢于浪费哪怕一个钟头时间的人，说明他还不懂得珍惜生命的全部价值。［达尔文］

◎过去的事情是无法挽回的。聪明人对现在与未来的事唯恐应付不暇，对既往的事岂能再去计较。［培根］

◎过去属于死神，未来属于自己。趁未来还属于你自己的时候，抓住它吧！［雪莱］

◎合理安排时间，就等于节约时间。［培根］

◎很好地利用时间，就能使时间变得更宝贵。［卢梭］

◎花有重开日，人无再少年。［关汉卿］

◎黄金时代是在我们的前面，不是在我们的背后。［培根］

◎即将来临的一天,比过去的一年更为悠长。[福尔斯特]

◎集腋成裘,聚沙成塔。几秒钟虽然不长,却构成永恒长河中的伟大时代。[弗莱彻]

◎节省时间,也就是使一个人的有限的生命更加有效,而也即等于延长了人的生命。[鲁迅]

◎今天所做之事勿候明天,自己所做之事勿候他人。[歌德]

◎今天应做的事没有做,明天再早也是耽误了。[裴斯泰洛齐]

◎浪费别人的时间是谋财害命,浪费自己的时间则是慢性自杀。
[列宁]

◎浪费时间不可能不伤害永恒。[梭罗]

◎浪费时间是一桩大罪过。[卢梭]

◎利用时间是一个极其高级的规律。[恩格斯]

◎没有方法能使时钟为我敲已过去了的钟点。[拜伦]

◎没有所谓将来,也没有所谓过去,只有一个永恒的现在。[科里]

◎没有一种不幸可与失掉时间相比了。[屠格涅夫]

◎每一点滴的进展都是缓慢而艰巨的,一个人一次只能着手解决一项有限的目标。[贝弗里奇]

◎美国人说,时间就是金钱;但我想,时间就是性命。无端地空耗别人的时间,其实是无异于谋财害命的。[鲁迅]

◎你热爱生命吗?那么别浪费时间,因为时间是组成生命的材料。

[富兰克林]

◎你有一天将遭遇的灾祸是你某一段时间疏懒的报应。[拿破仑]

◎抛弃今天的人，不会有明天；而昨天，不过是行云流水。[洛克]

◎抛弃时间的人，时间也抛弃他。[莎士比亚]

◎平庸的人关心怎样耗费时间，有才能的人竭力利用时间。[叔本华]

◎切勿坐耗时光，须知每时每刻都有无穷的利息；日计不足，岁计有余。[富兰克林]

◎人不能两次踏进同一条河流。[赫拉克利特]

◎人若把一生光阴虚度，便是抛下黄金，未买一物。[萨迪]

◎人生苦短，若虚度年华，则短暂的人生就太长了。[莎士比亚]

◎人生是短促的，这句话应当提醒每一个人去从事他要做的一切事情。

[约翰生]

◎人生天地之间,若白驹过隙,忽然而已。[庄子]

◎人的全部本领无非是耐心和时间的混合物。[巴尔扎克]

◎任何节约归根到底是时间的节约。[马克思]

◎善于利用时间的人，永远找得到充裕的时间。[歌德]

◎少年易老学难成，一寸光阴不可轻。[朱熹]

◎少壮轻岁月，迟暮惜光辉。[何逊]

◎盛年不重来，一日难再晨。及时当勉励，岁月不待人。[陶渊明]

◎时间，就像海绵里的水，只要愿挤，总还是有的。[鲁迅]

◎时间不能收藏，只有把每一天当做生命的最后一天的人才真正懂得其价值。[高尔基]

◎时间的锐齿能啮尽一切，唯独对真理无能为力。[莎士比亚]

◎时间对于谁都是奔着走。[莎士比亚]

◎时间和潮流不等待任何人。[司各特]

◎时间就是能力等等发展的地盘。[马克思]

◎时间就是生命，时间就是金钱。[富兰克林]

◎时间就像一条河流，它给我们带来轻的和膨胀了的东西，但是那些重而坚固的东西都沉没下去了。[培根]

◎时间可以使一切事物成熟。[拉伯雷]

◎时间——那是人类努力加以打发，然而到头来却被它毁灭的东西。

[斯宾塞]

◎时间乃是最大的革新家。[培根]

◎时间能使隐匿的东西显露，也能使灿烂夺目的东西黯然无光。

[贺拉斯]

◎时间是不可占有的公共财产，随着时间的推移，真理愈益显露。

[培根]

◎时间是个常数，但对勤奋者来说，是个变数。用"分"来计算时间的人，比用"时"来计算时间的人，时间多五十九倍。[雷巴科夫]

◎时间是伟大的导师。[伯克]

◎时间是我的财产,我的田亩是时间。[歌德]

◎时间是一个伟大的作者,它会给每个人写出完美的结局来。
[卓别林]

◎时间是一切财富中最宝贵的财富。[德奥弗拉斯特特]

◎时间是一味能治百病的良药。[富兰克林]

◎时间是真理最亲密的朋友,偏见是真理最大的敌人,谦逊是真理永恒的同伴。[科尔顿]

◎时间是最公平合理的,它从不多给谁一分,勤劳者能叫时间留下串串果实,懒惰者只能让它留给他们一头白发,两手空空。[高尔基]

◎时间像奔腾澎湃的急流,它一去无还,毫不流连。[塞万提斯]

◎世界上,宇宙中,有多少难解的谜啊……还是抓紧时间工作吧!
[爱因斯坦]

◎时间最不偏私,给任何人都是二十四小时;时间也最偏私,给任何人都不是二十四小时。[赫胥黎]

◎世界上最长而又最短、最快而又最慢、最平凡而又最珍贵、最易被忽视而又最令人后悔的,就是时间。[高尔基]

◎逝者如斯夫,不舍昼夜。[孔子]

◎天地者,万物之逆旅;光阴者,百代之过客。[李白]

◎天下最可贵的,莫如时日;天下最奢侈的,莫如浪费时日。

[莫扎特]

◎拖延是偷窃时间的贼。[杨格]

◎完成工作的方法是爱惜每一分钟。[达尔文]

◎忘掉今天的人将被明天忘掉。[歌德]

◎我不能忍受游手好闲,因此,我以为只要我能够做,我就会继续做下去。[达尔文]

◎我从不想未来,它来得太快。[爱因斯坦]

◎我从来不认为半小时是我微不足道的很小的一段时间。[达尔文]

◎我的生活过得像钟表的机器那样有规则,当我的生命告终时,我就会停在一处不动了。[达尔文]

◎我的一切成功都取决于我对时间的珍惜。[贝多芬]

◎我们若要生活,就该为自己建造一种充满感受、思索和行动的时钟,用它来代替这个枯燥、单调、以愁闷来扼杀心灵,带有责备意味和冷冷地滴答着的时间。[高尔基]

◎我如果无所事事地白过了一天,就会觉得自己好像犯了盗窃罪。

[拿破仑]

◎我相信我没偷过半小时的懒。[达尔文]

◎无限的过去,都以现在为归宿;无限的未来,都以现在为起点。

[李大钊]

◎闲暇是为了做出某种有益的事而有的时间。[富兰克林]

◎选择时间就是节省时间。[培根]

◎要记住,每一天都是一个阶梯,是新的一步——向着既定的目的。
[马雅可夫斯基]

◎要以一个人对时间的重视程度来衡量这个人。[爱默生]

◎一个人越知道时间的价值,越感觉失时的痛苦。[但丁]

◎一切节省,归根到底都归结为时间的节省。[马克思]

◎一天是永恒的缩影。[爱默生]

◎已经能使时钟为我敲打已逝去的钟点。[拜伦]

◎再富有的人也买不回自己的过去。[王尔德]

◎在今天和明天之间,有一段很长的时间:趁你还有精神的时候,学习迅速办事。[歌德]

◎在世界上我们只活一次,所以应该爱惜光阴。必须过真实的生活,过有价值的生活。[巴甫洛夫]

◎在适当的时候去做事,可节省时间;背道而行往往会徒劳无功。
[培根]

◎在所有的批评中,最伟大、最正确、最天才的是时间。
[别林斯基]

◎最严重的浪费就是时间的浪费。[布封]

事 业

应当以事业而不应当以寿数来衡量人的一生。

——塞涅卡

◎不会做小事的人，也做不出大事来。[罗蒙诺索夫]

◎成就事业要具备始终不渝的精神。[伏尔泰]

◎传你不朽之名，非你之子孙，乃你之事业也。[弥尔顿]

◎从工作里爱了生命，就是通彻了生命最深的秘密。[纪伯伦]

◎聪明寓于事业之中，此外再没有什么别的聪明了。[高尔基]

◎凡献身于一切事业的人，就会从那里找到一个向导，一个支柱，一个仿佛能规定他胸内心跳的调整器。[左拉]

◎干一番轰轰烈烈的事业，必须具备清醒的头脑和热忱。[大仲马]

◎果实的事业是尊贵的，花的事业是甜美的，但是让我做叶的事业吧，叶是谦逊地专心地垂着绿荫的。[泰戈尔]

◎哗啦哗啦把自己的事业讲给大家听的人，他的价值一定是毫不足道的。切实苦干的人往往不是高谈阔论的，他们惊天动地的事业显示了他们的伟大，可是在筹划重大事业的时候，他们是默不作声的。[黑格尔]

◎今之成大事业大学问者，必经过三种境界："昨夜西风凋碧树，独上高楼，望尽天涯路"，此第一境也；"衣带渐宽终不悔，为伊消得人憔悴"，此第二境也；"众里寻她千百度，蓦然回首，那人却在灯火阑珊

处"，此第三境也。[王国维]

◎科学家的天职叫我们应当继续奋斗，彻底揭露自然界的奥秘，掌握这些奥秘便能在将来造福人类。[约里奥·居里]

◎每个人生下来都要从事某项事业，每一个活在地球上的人都有自己生活中的义务。[海明威]

◎每种首创事业的成功，最要紧的还是所有当事人的基本训练。
[马明西利比亚克]

◎缺乏对事业的热爱，才华也是无用的。[尼古拉耶维奇]

◎人，最理想的是从事永久不灭的事业，这也是生命对人类的要求。
[武者小路实笃]

◎人必须有一个无法放弃、无法搁下的事业，才能变得无比地坚强。
[车尔尼雪夫斯基]

◎人的灵魂表现在他的事业上。[易卜生]

◎人的生活中，最能吸引人的力量，最能激发人经久不懈热情的是什么呢？那就是事业。[冯定]

◎人生在世，事业为重。一息尚存，决不松劲。[吴玉章]

◎人生在世是短暂的，对这短暂的人生，我们最好的报答就是工作。
[爱迪生]

◎人是要死的，谁也活不了几百岁，但是他的事业定会永垂不朽。
[高尔基]

◎人用心在其事业上，努力完成，在大功告成时，心里始能脱离痛苦，感受愉快。[爱默生]

◎任何一个人只有在他成为高于自己的事业的一部分时，才真正是完美无缺的。[尼克松]

◎事业常成于坚忍，毁于急躁。[萨迪]

◎事业是果实，说话不过是树叶而已。[戴勒斯]

◎事业最要紧，名誉是空言。[歌德]

◎天才是由于对事业的热爱而发展起来的，简直可以说，天才就其本质来论只不过是对事业、对工作过程的热爱而已。[高尔基]

◎推动你的事业，不要让你的事业来推动你。[富兰克林]

◎维持一个人的生命的事物，是他的事业。[爱默生]

◎伟大的业绩不灭，他们会像太阳和月亮升起那样永获新生，并祝福仰望它们的人。[丁尼生]

◎我们必须有恒心，尤其要有自信力。我们必须相信我们的天赋是要用来做某种事情的，无论代价多么大，这种事情必须做到。

[居里夫人]

◎我们是骄傲还是谦卑，全取决于事业成败。[泰伦提乌斯]

◎我们一切事业都只趋向于两个目的，即为了自己生活得安乐和在众人之中受到尊重。[卢梭]

◎我们永远不应该抛弃一个事业。如果它要二十、三十年，甚至一生或好几代的工夫，我们也献给它，一点也不吝惜。[左拉]

◎希望你们年轻的一代，也能像蜡烛为人照明那样，有一分热，发一分光，忠诚而踏实地为人类伟大的事业贡献自己的力量。[法拉第]

◎须左右事业,毋为事业左右。[富兰克林]

◎要成大事,就得既有理想,又讲实际,不能走极端。[罗斯福]

◎要想认真完成一项必要的事业,为人既要灵活,又要有一副铁石心肠。[泰戈尔]

◎要做一番伟大的事业,总得从青年时代开始。[歌德]

◎一个不注意小事情的人,永远不会成就大事业。[卡耐基]

◎一个人只有以他全部的力量和精力致力于某一种事业时,才能成为一个真正的大师。[爱因斯坦]

◎一个真正自尊的人所从事的应该是事业,而不是官衔。[冯维辛]

◎一个正在顺着生活规律挺进的青年,首先应注意自己的才能和愿望与事业相衡。[培根]

◎一切伟大的事业,或者是说一切大事,都是由小事组成的。

[高尔基]

◎有些人生来就是干大事的,尽管一开始他们微小得像海边的细沙。

[汉姆生]

思 想

任何强大的军队,都不可能抵挡住思想的力量。

———雨果

◎ "是"和"否"是最老最简单的字，可是它们需要最多的思考。

[毕达哥拉斯]

◎ 产生巨大后果的思想常常是朴素的。[列夫·托尔斯泰]

◎ 充实的思想不在于言语的美丽，而在于它引以为自豪的内容。

[莎士比亚]

◎ 纯洁的思想，可使最微小的行动高贵起来。[莎士比亚]

◎ 读书可以获得知识，思考才能去粗存精。[奥斯本]

◎ 读书使人充实，思考使人深邃，交谈使人清醒。[富兰克林]

◎ 扼杀思想的人，是最大的谋杀犯。[罗曼·罗兰]

◎ 合理的幻想——换句话说，就是综合。[恩格斯]

◎ 幻想是灵魂的眼睛。[诺贝尔]

◎ 幻想是诗人的翅膀，假设是科学的天梯。[歌德]

◎ 具有创造性独立思维的人才可能创造伟业。[伯克]

◎ 冷静思考的能力，是一切智慧的开端，是一切善良的源泉。

[弗洛伊德]

◎ 理智要比心灵为高，思想要比感情可靠。[高尔基]

◎ 没有大胆的猜测就不会有伟大的发现。[牛顿]

◎ 没有想象力的灵魂，就像没有望远镜的天文台。[爱因斯坦]

◎哪里有思想,哪里就有威力。[雨果]

◎缺乏幻想的学者只能是一个好的流动图书馆和活的参考书,他只掌握知识,但不会创造。[莱辛]

◎人的思维是了不起的,只要专注于某一项事业,那就一定会作出使自己都感到吃惊的成绩来。[马克·吐温]

◎人类是受自己幻想支配的动物。[拿破仑]

◎深刻的思想就像铁钉,一旦钉在脑子里,什么东西也无法把它拔出来。[狄德罗]

◎思考可以构成一座桥,让我们通向新知识。[普朗克]

◎思考需要读书,读书则是为了更好地思考,只有学识渊博的人,才会思维敏捷,举一反三。[蒙塔古]

◎思索吧,思索能引人入胜。[车尔尼雪夫斯基]

◎思维世界的发展,在某种意义上说,就是对惊奇的不断摆脱。
[爱因斯坦]

◎思维是灵魂的自我谈话。[柏拉图]

◎思维正确即成功了一半。[克雷尔]

◎思想的潮流是推动人类与世界进步的唯一原动力。[菲利普斯]

◎思想是行动的种子。[爱默生]

◎所谓灵感,不过是"顽强劳动而获得的奖赏"。[列宾]

◎我不愿有一个塞满的头脑，而情愿有一个思想开阔的头脑。［蒙田］

◎我的成就，当归功于精微的思索。［牛顿］

◎想象不过是展开的或复合的记忆。［维柯］

◎想象可以使感觉敏锐的人成为艺术家，可以使勇敢大胆的人成为英雄。［法朗士］

◎想象里蕴藏着感觉，而判断里又蕴藏着想象。［亚里士多德］

◎想象力是人类与现实环境相争时的一种决胜武器。［拿破仑］

◎写作的人像画家不应该停止画笔一样，也是不应该停止笔头的。随便他写什么，必须每天写，要紧的是叫手学会完全服从思想。

［果戈里］

◎行动者是思想的工具。［海涅］

◎行成于思毁于随。［韩愈］

◎学习是劳动，是充满思想的劳动。［乌申斯基］

◎要审慎地思考，但要果断地行动；要宽宏地谦让，但要坚决地反抗。

［科尔顿］

◎一个没有想象力的科学家，好像一个拿着钝刀和旧秤的屠夫。

［纪伯伦］

◎一个能思想的人，才是一个力量无边的人。［巴尔扎克］

◎一个人年轻的时候不学会思索，他将一无所获。［爱迪生］

◎艺术家得永远工作、永远思考。［契诃夫］

◎有想象力而没有鉴别力，是世上最可怕的事。［歌德］

◎与过去的历史相比，我更喜欢未来的梦想。［杰弗逊］

◎语言属于一个时代，思想属于许多时代。［卡拉姆辛］

◎在观察领域中，机遇只偏爱那种有准备的头脑。［巴斯德］

◎真正的创造就是艺术想象的活动。［黑格尔］

死 亡

不知道怎样生活的人，应当把死当成好事。

——萧伯纳

◎播种的人撒下了种子，看到农夫在收获，会兴起类似的想法："生"是耕作，"死"是其归宿的收获。［惠特曼］

◎不要把生命看得太严肃，反正我们不会活着离开它。［赫尔福特］

◎出生是最明确的一场旅行，死亡难道不是另一场出发？［三毛］

◎当你解答了生命的一切奥秘，你就渴望死亡，因为它不过是生命的另一个奥秘。生和死是勇敢的两种最高贵的表现。［纪伯伦］

◎对于认识到死并不可怕的人，生活中就不会有可怕的东西。

[伊壁鸠鲁]

◎凡自杀的人都是心灵薄弱的人，都是完全为违反他们本性的外界原因所征服的人。[斯宾诺莎]

◎活着的士兵，要远比死了的皇帝更有价值。[拿破仑]

◎即使拥有世界上所有的东西，也不能换来人的生命。[蒙田]

◎即使整个太阳系和星系会塌下来，也只能使你死一次。[卡莱尔]

◎每一个老年人的死亡，等于倾倒了一座博览库。[高尔基]

◎民不畏死，奈何以死惧之。[老子]

◎鸟之将死，其鸣也悲。人之将死，其言也善。[孔子]

◎懦夫一生数死，丈夫只死一遭。[莎士比亚]

◎让死者有那不朽的名，但让生者有那不朽的爱。[泰戈尔]

◎人不是根本不相信自己的死，就是在无意识中确信自己不死。

[弗洛伊德]

◎人恐惧死亡，那是因为爱惜生存的缘故。[陀思妥耶夫斯基]

◎人生的本质在于运动，安谧宁静就是死亡。[帕斯卡尔]

◎人生在世，死总不可避免。但是，当你死去的时候，应让哺育你的大地有所进步。[佐基]

◎人生只有一生一死，要生得有意义，死得有价值。[邓中夏]

◎人只能死一次而已，今年死了的人，明年可以免于一死。[海明威]

◎肉体的死亡并无所谓，惧怕的是灵魂的死亡。[德富芦花]

◎生，亦我所欲也；义，亦我所欲也。二者不可得兼，舍生而取义者也。[孟子]

◎生而死，死而生，如草木之花，开开谢谢，才有理趣。[钱泳]

◎生和死对天才都是一样的。[列夫·托尔斯泰]

◎生活充满激情，死亡充满爱和谦恭。[蒙台涅]

◎生命是各种财宝最高之物，而最高之恶便是死。[海涅]

◎生命是刹那间的事实，而死亡则是永久的事实。[长谷川]

◎生命是真实的，生命是诚挚的，坟墓不是它的终点。[朗费罗]

◎生死是无法抗拒的，我们只能享受两者间的一段时光。死亡的黑暗景幕将衬托出生命的光彩。[桑塔亚娜]

◎生于忧患，死于安乐。[孟子]

◎生与死是一种相互对应的关系，生由死而来。麦子为了萌芽，它的种子必须要死了才行。[甘地]

◎使生如春花之绚烂，死如秋叶之静美。[泰戈尔]

◎视死若生者，烈士之勇也。[庄子]

◎逝世的好人并没有死亡，他们仍在一旁注视帮助我们。[劳伦斯]

◎死，使善者坚强，使智者认识生，教他如何行动。死使智者和善者永

生。[歌德]

◎死不是难事，最难的是把生活重新建起。[马雅可夫斯基]

◎死不是死者的不幸，而是生者的不幸。[伊壁鸠鲁]

◎死得伟大的人没有失败。[拜伦]

◎死是可怕的，但是你若有长生不老和决计不死的意识，那才更可怕！
[契诃夫]

◎死是伟大的激情唯一纯洁、美丽的线路。[劳伦斯]

◎死是我们必须偿付的一笔借款。[欧里庇得斯]

◎死是我们每一个人都必须负担的一种债务。[夸尔兹]

◎死亡并不困难，生存则是非常艰难的。[萧伯纳]

◎死亡不可怕，垂死才可怕。[菲尔丁]

◎死亡和老人的距离并不比和婴儿的距离更近，生命也是如此。[纪伯伦]

◎死亡是不择善恶的，它是路人均可歇脚的客栈。[斯宾塞]

◎死亡是那些自由不能解救的人的解脱者；是药物不能医的病人的医师；是时间不能释怀的人的慰藉。[科尔顿]

◎死亡是伟大的平等，也是伟大的自由。[雨果]

◎死亡是我们的朋友，不能取悦于他的人，永远得不到安逸。[培根]

◎死亡是造物者为人类安排的一种自然的、需要的和普遍的灾害。

[斯威夫特]

◎死亡是最后的睡眠,不,它是最后的觉醒。[司各特]

◎死者的生命存在于活着的人的心中。[西塞罗]

◎死者倘不活在人的心中,那就真正死掉了。[鲁迅]

◎虽然人人都企求得到很多,但所需要的却是微乎其微,因为人生是短暂的,人的生命是很有限的。[歌德]

◎所谓生死,不了断亦自然了断,我们是无能为力的。我们来到这个世界,并未经我们同意,我们离开这个世界,也将不经我们同意。我们是被动的。[梁实秋]

◎谁怕死,谁就已经不再活着。[左伊默]

◎痛苦和死亡是生命的一部分。抛弃它们就是抛弃生命本身。
[哈夫洛克·艾理斯]

◎为了惧怕可能发生的祸患而结束了自己的生命,是一件懦弱卑劣的行为。[莎士比亚]

◎我们为什么高兴诞生、悲伤葬礼?因为我们都是其当事人。
[马克·吐温]

◎我们依靠羡慕、希望和爱活着。[华兹华斯]

◎我希望世界在我去世的时候要比我出生的时候更美好。[萧伯纳]

◎一个人抛弃了自己,便贬低了自己的存在;抛弃了生命,便完全消灭了自己的存在。[卢梭]

◎有人可能一百岁时走向坟墓,但是他可能生下来就已经死亡。

[卢梭]

◎有三样东西是永远沉默的：思想、命运和坟墓。[布尔沃·利顿]

◎与其苟且偷生，毋宁英勇战死。[乔万尼奥里]

◎在还没死亡以前，就不能算做完全诞生。[富兰克林]

◎在死后不活在人们心里的人，等于没有活。[哈伯特]

◎在一个人未死之前，不要说他幸福。[艾斯奇鲁]

◎真正使人幸运的，是"活得幸福"，而不是"死得痛快"。[蒙田]

◎征服对死的恐惧，你就占有了生命。[梅瑞狄斯]

◎只要你善于利用，生命就是长的。[塞涅卡]

◎自杀乃是一种罪过，是疯狂、愚蠢、可悲的行为。[奥维德]

◎最伟大的牺牲是为朋友献出自己的生命。[约翰生]

◎最最幸福的人生莫过于实现了自己的雄心之后，平静地死去。

[莫洛亚]

天 才

不存在没有一点疯狂的伟大天才。

——塞涅卡

◎才能本身并无光泽，只有在运用中才发出光彩。[谢德林]

◎常识是本能，而丰富的常识即是天才。[萧伯纳]

◎成为伟人是伟大的，做一个真正的人更伟大。[罗杰斯]

◎得天下英才而教育之，三乐也。[孟子]

◎对自己不满足，是任何真正有天才的人的根本特征。[契诃夫]

◎风浪常利于有才能的航海者。[吉本]

◎瓜是生在纯粹肥料里的最甜，天才是长在恶性土壤中的最好。

[培根]

◎横溢的天才一如沃土，如不加耕耘，即可能产生杂草，而不产生葡萄橄榄供人享用。[休谟]

◎即使你成功地模仿了一个有天才的人，你也缺乏他的独创精神。

[雨果]

◎精神的浩瀚、想象的活跃、心灵的勤奋：就是天才。[狄德罗]

◎没有伟大的愿望，就没有伟大的天才。[巴尔扎克]

◎能够隐藏自己的才能是一种很大的才能。[罗休夫柯]

◎能轻易做到别人感觉困难的事是"人才"；能轻易做到别人所不能做的工作是"天才"。[西特尼]

◎平凡的人希望，天才家创造。[爱默生]

◎人才进行工作，而天才进行创造。[舒曼]

◎世界上大部分的麻烦都是想成为伟大人物的人惹出来的。[艾略特]

◎世有伯乐，然后有千里马。[韩愈]

◎谁过早地认为自己是天才，谁就是不可救药的人。[利希顿堡]

◎所谓天才是指能够完成没人认为他能完成的事的人。[卢卡斯]

◎天才？绝对没有那种东西。有的只是用功、方法和不断的计划。
[罗丹]

◎天才就是把注意力集中在所研究的那门学问上的最高能力。
[巴甫洛夫]

◎天才就是能透视本质的人。[卡莱尔]

◎天才就是强烈的兴趣和顽强的入迷。[木村久一]

◎天才就是勤奋。[歌德]

◎天才免不了有障碍，因为障碍会创造天才。[罗曼·罗兰]

◎天才是百分之一的灵感，百分之九十九的汗水。[爱迪生]

◎天才是干才，或想当干才的人。[歌德]

◎天才是各个时代都有的；可是，除非待有非常的事变发生，激动群众，使有天才的人出现，否则赋有天才的人就会僵化。[狄德罗]

◎天才是蕴藏在矿里的黄金；才干是工作着开采它出来的矿工。
[布莱希特]

◎天才是指异乎寻常的忍耐者而言。[列夫·托尔斯泰]

◎天才是智慧的眼睛，是思想的羽翼，它常走在时代前面，是时代的先驱者。[西姆斯]

◎天才是自创法则的人。[康德]

◎天才所要求的最先和最后的东西都是对真理的热爱。[歌德]

◎天才之生命的火花，比平凡的人之生命的火花燃烧得迅速。[席勒]

◎天才只可以体会，但绝不能模仿。[狄德罗]

◎天才只有跟科学结合，才能产生最大的效果。[斯宾塞]

◎天才做必须做的事，干才做能够做的事。[梅瑞狄斯]

◎天然的才能好像天然的植物，需要学问来修剪。[培根]

◎天生的才能几乎可以抵偿每一次教养的缺乏，但教养却不能补偿能力的贫乏。[叔本华]

◎天生我才必有用，千金散尽还复来。[李白]

◎伟大的灵魂与普通的灵魂相比，不在于它情欲小、道德多，而在于它有伟大的抱负。[罗休夫柯]

◎伟人所做的事，并非一切都是伟大的。[布莱希特]

◎我不以为我是天才，只是竭尽全力去做而已。[爱迪生]

◎要使山谷肥沃，就得时常栽树。我们应该注意培养人才。[居里]

◎一个伟大的人有两颗心：一颗心流血，另一颗心宽容。[纪伯伦]

◎一年之计，莫如树谷；十年之计，莫如树木；终身之计，莫如树人。

[管子]

◎以伟大的思想培育你的精神吧，要相信英雄才能创造出英雄来。

[迪斯累里]

◎有了天才不用，天才一定会衰退的，而且会在慢性的腐朽中归于灭亡。[克雷洛夫]

◎在天才和勤奋之间，我毫不迟疑地选择勤奋。它几乎是世界上一切成就的催生婆。[爱因斯坦]

◎真正的英雄不是永远没有卑下的情操，只是永远不被卑下的情操所屈服罢了。[罗曼·罗兰]

◎真正伟大的天才永远具有良知。[鲍斯威尔]

◎只有从事一项伟大事业的时候，一个人才能成为一个伟大的人。

[戴高乐]

◎中才因头衔而出现，大才妨碍头衔，小才则玷污头衔。[萧伯纳]

◎终生奋斗，便成天才。[门捷列夫]

痛 苦

若要忍受某种痛苦，只须加上更大的痛苦就行了。

——尾崎一雄

◎哀莫大于心死。〔庄子〕

◎悲哀和烦恼不是使人心软，就是使人心狠。〔麦金托什〕

◎悲伤的唯一疗法是做做什么事。〔刘易斯〕

◎不结果的树是没人去摇的。〔罗曼·罗兰〕

◎不怕苦，苦半辈子；怕苦，苦一辈子。〔李敖〕

◎不认识痛苦，就不是一条好汉。〔雨果〕

◎不问苦乐，不问得失，不计成败，尽你的力量战斗。〔罗曼·罗兰〕

◎纯粹的痛苦和纯粹的快乐一样都是不可能的。〔列夫·托尔斯泰〕

◎各种不幸的原因，一部分在社会结构中，一部分是在个人的心中。
〔罗素〕

◎害怕会痛苦的人已经在承受他所害怕的痛苦。〔蒙田〕

◎欢乐的回忆已不再是欢乐，而哀愁的回忆却仍是哀愁。〔拜伦〕

◎既然痛苦是快乐的源泉，那又何必为痛苦而悲伤。〔歌德〕

◎哭可以使深重的忧愁减轻。〔莎士比亚〕

◎满足无疑是极其舒服的痛苦。〔海涅〕

◎没有快乐是完满的：总有烦恼会闯入我们的幸福。〔奥维德〕

◎没有哪一个聪明人会否定痛苦与忧愁的锻炼价值。〔赫胥黎〕

◎且体味辛苦所留下的东西，苦难过去就是甘美的到来。〔歌德〕

◎人类的大部分烦恼，多由"假若"一字滋生。[德富苏峰]

◎人之所以不幸，乃是人在福中不知福。[陀斯妥耶夫斯基]

◎生命中不是只有快乐，也不是只有痛苦，快乐和痛苦是相辅相成、互相衬托的。[冰心]

◎使人高兴或沮丧的，与其说是事实，还不如说是比较。[富勒]

◎所谓不幸福，就是不知自己要干些什么却又拼命地去追求。

[赫罗尔德]

◎痛苦的秘密在于有闲工夫担心自己是否幸福。[萧伯纳]

◎痛苦使人思索，思索使人明智，智慧使生命持久。[帕特里克]

◎痛苦是一个人从较大的圆满到较小的圆满的过渡。[斯宾诺莎]

◎痛苦与欢乐，就像光明与黑暗，是相互交替的。[朗费罗]

◎痛苦才是人生的原貌，我们人类最后的喜悦，就是回忆过去所经历的痛苦经验。[阿尔夫雷德]

◎痛苦是短暂的，快乐是永恒的。[席勒]

◎填不满的是欲海，攻不破的是愁城。[乔治·桑]

◎痛苦这把犁刀一方面割破了你的信心，同时掘出了生命的新的水源。

[罗曼·罗兰]

◎唯有苦恼，才是人生的真谛，我们最后的喜悦和安慰，不外来自追忆过去的痛苦。[缪塞]

◎唯其痛苦，才有欢乐。[贝多芬]

◎无所事事并非宁静，心灵的空洞就是心灵的痛苦。[歌德]

◎心灵的痛苦重于肉体的痛苦。[贺拉斯]

◎眼眶里晶莹闪亮的并不是泪水，真正的泪水隐藏在我们的心里。
[纪伯伦]

◎眼泪是忧郁的沉默言语。[福尔特尔]

◎一切的烦恼，皆由我们不能孤独存在而引起。[布留伊艾尔]

◎一生几许伤心事，不向空门何处销。[王维]

◎忧愁与缺乏心灵的归宿，是最大的制造年龄者。[培菲]

◎忧虑像一把摇椅：它可以使你有事做，但却不能使你进前一步。
[席勒]

◎在各种孤独者中间，人最怕精神上的孤独。[巴尔扎克]

◎在失意中回忆美好的时光是最大的痛苦。[但丁]

◎只有经历了所有的痛苦，才能使痛苦的创痕泯灭。[普鲁斯特]

◎最令人烦恼的事物往往可以使人摆脱烦恼。[罗休夫柯]

◎最优秀的人物，通过痛苦才得到欢乐。[贝多芬]

文 明

　　粗略地说，文化指的是我们做猴子所不做的任何事情。

　　　　　　　　　　　　　　　　　　——萨默塞特

◎国家和个人一样会死亡，但是文明却不会消亡。[麦基尼斯]

◎君爱文明非爱宝，身为物主不为奴。[邓拓]

◎没有伴随权力的文化，到明天将会变成死灭的文化。[丘吉尔]

◎亲善产生幸福，文明带来和谐。[雨果]

◎生活里最重要的是有礼貌，它比最高智慧、比一切学识都重要。

[赫尔岑]

◎外表的文明要同内心的文明一致，外表的整洁和文雅应当是内心纯洁和美丽的表现。[别林斯基]

◎文化上的伟大时期，从道德上来说，通常都是腐败的时代……而将人类像家畜般驯化的时期，对最具精神性、最具大胆本性的人来说，无异是最难以忍受的时代。[尼采]

◎文明国之制刑，不在惩恶，而在劝善。[孟德斯鸠]

◎文明是人类精神锻炼的场所，考验的器具。[岸田国土]

◎我极度厌恶"文明"这个词语，因为那是意味着虚伪的缘故。

[马克·吐温]

◎我们认为我们的文化已接近正午，其实它仍还在闪耀着晨星的黎明时

分呢。[爱默生]

◎我们为了文化的手段，而生在该文化濒临消亡的危险的时代。

[尼采]

◎在文化领域里没有小民族和大民族之分。每一个民族不论他多么小，都能把自己的艺术珍品送入世界文化宝库。[季米特洛夫]

◎真正的文明人，是指在人生方面知晓自己之使命的人。

[列夫·托尔斯泰]

希 望

希望像太阳，当我们向它行进，我们负担的阴影便抛到身后去。
——史密斯

◎把希望建筑在意欲和心愿上面的人们，二十次中有十九次都会失望。

[大仲马]

◎不论前途如何，不管发生什么事清，我们都不失去希望，希望是一种美德。[雨果]

◎从来没有抱过什么希望的人，永远不会绝望。[萧伯纳]

◎当我们自以为达到了我们所希望的目标的时候，那恰恰是离我们的希望最远的时候。[歌德]

◎对一个人来说，所期望的不是别的，而仅仅是他能全力以赴地献身于一种美好事业。[爱因斯坦]

◎很难说什么是办不到的事情，因为昨天的梦想，可以是今天的希望，并且还可以成为明天的现实。[罗伯特]

◎没有目的，就做不成任何事情；目的渺小，就做不成任何大事。[狄德罗]

◎没有希望的地方，就没有奋斗。[约翰生]

◎强大的勇气，崭新的意志，这就是希望。[马丁·路德]

◎强烈的希望比任何一种已实现的快乐，对人生具有更大的激奋作用。
[尼采]

◎人类的希望像是一颗永恒的星，乌云掩不住它的光芒。特别是在今天，和平不是一个理想、一个梦，它是万人的愿望。[巴金]

◎人类所有的智慧可以归结为两个词：等待和希望。[大仲马]

◎人生活在希望之中。旧的希望实现了，或者泯灭了，新的希望的烈焰随之燃烧起来。[莫泊桑]

◎人总得有希望。没有希望的心田，是寸草不生的荒地。[惠特曼]

◎人最宝贵的财富是希望。如果只着眼于当前，我们就不会去播种。
[伏尔泰]

◎如果没有永生的希望，即使过的是最幸福的一生，也只能称为可悲的一生。怀有希望的一生，即使过的是最不幸的一生，也算值得羡慕。
[内村鉴三]

◎谁失去了希望，谁也就没有了恐惧。这就是"铤而走险"这个词的意义。[叔本华]

◎我们唯一的悲哀是生活于愿望之中而没有希望。[但丁]

◎希望的烦恼，尽管时常发生，但总是没有希望的破灭那么可怕。
[约翰逊]

◎希望贯穿一切，临死也不会抛弃我们。[波普尔]

◎希望好像一个家庭，没有它，你会觉得生活乏味，有了它，你又觉得天天为它辛劳，是一种烦恼。[马克·吐温]

◎希望会使你年轻的，因为希望和青春是同胞兄弟。[雪莱]

◎希望里蕴藏着极大的力量，使我们的志向和幻想成为事实。
[弥尔顿]

◎希望如不是置身深渊的大海上，就绝不能展开其翅膀。[爱默生]

◎希望是本无所谓有、无所谓无的。这正如地上的路，其实地上本没有路，走的人多了，也便成了路。[鲁迅]

◎希望是不幸者的第二灵魂。[歌德]

◎希望是风雨之夜所现之晓霞。[歌德]

◎希望是附丽于存在的，有存在，便有希望，有希望，便有光明。
[鲁迅]

◎希望是坚韧的拐杖，忍耐是旅行袋，携带它们，人可以登上永恒之旅。[罗素]

◎希望是坚强的勇气，是新生的意志。[马丁·路德]

◎希望是苦难的唯一药方。[莎士比亚]

◎希望是恋人的手杖,带着它前行,可以对抗自觉绝望的思想。

[莎士比亚]

◎希望是栖息于灵魂中的一种会飞翔的东西。[狄更斯]

◎希望是穷人的粮食。[赫伯特]

◎希望是热情之母,它孕育着荣誉,孕育着力量,孕育着生命。一句话,希望是世间万物的主宰。[普列姆昌德]

◎希望是人的阳光。[斯迈尔斯]

◎希望是人生之需要。人如果没有希望,何异于江河干涸了流水?

[巴金]

◎希望是生命的灵魂,心灵的灯塔,成功的向导。[歌德]

◎希望是生命的源泉,失去它生命就会枯萎。[富兰克林]

◎希望是为痛苦而吹奏的音乐。[莎士比亚]

◎希望是永远达不到的,因此,人才希望,追求希望。[富兰克林]

◎希望是永远的喜悦,有如人类拥有的土地,是每年有收获、绝不会耗尽的确定财产。[斯蒂文森]

◎希望写下了儿童的诗篇,也写下了成人的回忆。人总带着微笑向前望,但回顾却难免叹息。这是上帝聪明的安排。生命之杯于满溢时最甜蜜,再饮便减少了滋味,而渣滓更感苦涩。[爱默生]

◎希望永远在人的胸膛汹涌。人要经常感觉不是现在幸福,而是就要幸福了。[波普尔]

◎希望与生命常相伴随。[塞万提斯]

◎希望在不断地寻找中失去,憧憬在不断地失去中再现。[汪国真]

◎希望在任何情况下都是必需的,如果没有希望的安慰,贫困、疾病、囚禁的悲惨境遇就会不能忍受。[约翰逊]

◎希望在任何时候都是一种支撑生命的安全力量。[莎士比亚]

◎许多人说他的生活已无希望,其实这只是骗人的话,只要他活在世界上一刻,希望便会跃动于他的心中。[洛威尔]

◎一个希望的突然失落会留下一处伤痕,即使那希望最终实现,也绝不能使它完全平复。[哈代]

◎一个最困苦、最微贱、最为命运所屈辱的人,只要还抱有希望,便可无所畏惧。[莎士比亚]

◎一件事情如果使人高兴,则我们在想到自己将来能惬意地享受它时,心中便产生了一种快乐,这就是所谓的希望。[洛克]

◎一切的和谐与平衡,健康与健美,成功与幸福,都是由乐观与希望的向上心理产生与造成的。[华盛顿]

◎以希望为生的人,将绝食而死。[富兰克林]

◎有时候,最荒唐和最轻率的希望会导致非凡的成功。[沃夫纳格]

◎灾难的忠实姐妹——希望,她会唤起你们的勇气和欢乐。[普希金]

◎在梦中播下再多种子,也得不到一丝丰收的喜讯;在田野上哪怕只播下一粒种子,也会有收获的希望。[雨果]

◎在人的幻想和成就中间有一段空间,只能靠希望来通过。[纪伯伦]

◎在生活中应当抱有莫大的希望,并以热情和毅力来开拓自己的希望。
[雷马克]

◎正因为梦境是熟睡者的幻想,所以幻想是清醒人的美梦。[布莱特]

◎只要太阳照耀,希望就会闪耀。[席勒]

◎只要我们能把希望的大陆牢牢地装在心中,风浪就一定会被我们战胜。[哥伦布]

◎只有能够实现的希望才能产生爱,只有希望才能保持爱。[奥维德]

◎智者因希望而忍受人生的痛苦。[欧里庇得斯]

信 念

假如一个人总想着"我办不到",那他果然就会办不到。
——车尔尼雪夫斯基

◎悲观的人,先被自己打败,然后才被生活打败;乐观的人,先战胜自己,然后才战胜生活。[汪国真]

◎不戚戚于贫贱,不汲汲于富贵。[陶渊明]

◎不想往上爬的人容易往下降。[戴明]

◎不要害怕生活,坚信生活的确值得去生活,那么你的信念就会有助于创造这个事实。[威廉·詹姆斯]

◎不要模仿别人，让我们发现自我，秉持本色。〔卡耐基〕

◎冬天已经到来，春天还会远吗？〔雪莱〕

◎对我来说，信念意味着不担心。〔杜威〕

◎凡事总要有信心，老想着"行"。要是做一件事，先就担心着"怕不行吧？"那你就没有勇气了。〔盖叫天〕

◎粉身碎骨浑不怕，留得清白在人间。〔于谦〕

◎哥伦布是凭着信念发现了新大陆，绝不是靠航海图。〔桑塔亚娜〕

◎假如退缩了一秒钟，失去了对胜利前途的信心，那么胜利就会由他们的手中溜走。〔奥斯特洛夫斯基〕

◎没有任何东西可以削弱或摧毁我心中美好的信念。〔哈代〕

◎每人都有足够的余力去实现自己的信念。〔歌德〕

◎名节重泰山，利欲轻鸿毛。〔于谦〕

◎宁无知，勿有错；没有信念的人比有错误信念的人更接近真理。

〔杰弗逊〕

◎千年成败俱尘土，消得人间说丈夫。〔文天祥〕

◎缺乏自信常常是性格软弱和事业不能成功的重要原因。

〔索洛维契克〕

◎人生自古谁无死，留取丹心照汗青。〔文天祥〕

◎如果信念的热力不能使心灵感到温暖，那就谈不上什么幸福。

〔冈察洛夫〕

◎如果一个人有足够的信念，那么他就能创造奇迹。[温塞特]

◎生当做人杰，死亦为鬼雄。[李清照]

◎伟大的作品不只是靠力量完成，更是靠坚定不移的信念。

[塞缪尔·约翰逊]

◎我要把别人看到的当成我的太阳，别人听到的当成我的乐曲，别人嘴角的微笑看做我的快乐。[海伦·凯勒]

◎牺牲小我，成功大我。[杨开慧]

◎先相信你自己，然后别人才会相信你。[屠格涅夫]

◎相信你自己，每颗心都会使铁弦颤动。[爱默生]

◎向前看总是明智的，但要做到高瞻远瞩并非易事。[丘吉尔]

◎信念是储备品，行路人在破晓时带着它登程，但愿他在日暮以前足够使用。[柯罗连科]

◎信念虽非直接只向我们行为之较少部分负责，但它们所负责的行动是最为重要的，而且大半决定了我们的生活之普遍结构。[罗素]

◎信念之所以宝贵，只是因为它是现实的，而绝不是因为它是我们的。

[别林斯基]

◎信念只有在积极的行动之中才能够生存，才能得到加强和磨砺。

[苏霍姆林斯基]

◎信心是命运的主宰。[海伦·凯勒]

◎信念最好能由经验和明确的思想来支持。[爱因斯坦]

◎要永远尽你所能，永远不要气馁，永远不要小看自己，永远要记住，别人可能恨你，可是恨你的那些人不会胜利，除非你也恨他们，而那样，你也就毁了自己。[尼克松]

◎要有自信，然后全力以赴——假如有这种信念，任何事情十之八九都能成功。[威尔逊]

◎一个人向前瞻望的时候，如果看不到一点快乐的远景，他在世界上就不能活下去。[马卡连柯]

◎一个人的价值，应该看他贡献什么，而不应当看他取得什么。[爱因斯坦]

◎永远打不断的是脊梁，永远撕不碎的是信念。[汪国真]

◎由百折不挠的信念所支持的人的意志，比那些似乎是无敌的物质力量具有更大的威力。[爱因斯坦]

◎月缺不改光，剑折不改刚。[梅尧臣]

◎只有信念使快乐真实。[蒙田]

◎面对光明，阴影就在我们身后。[海伦·凯勒]

◎壮心未与年俱老，死去犹能做鬼雄。[陆游]

◎做人不可有傲态，不可无傲骨。[陆陇其]

信 仰

我们若凭信仰而战斗，就有双重的武装。

——柏拉图

◎不依所见而做，应依信仰而行。[保罗]

◎将来胜利之日，我们可能活着，可能已死去，但我们的纲领是永存的，它将使全人类获得解放。[李卜克内西]

◎居于一切力量之首的，成为所有一切的源泉的是信仰。而要生活下去就必须有信仰。[罗曼·罗兰]

◎没有信仰，则没有名副其实的品行和生命；没有信仰，则没有名副其实的国。[惠特曼]

◎没有信仰就不会有美德。[显克微支]

◎每个人都知道，把语言化为行动，比把行动化为语言困难得多。

[高尔基]

◎您不能失去信仰，不能因为怀疑而毁灭那伟大的爱。[显克微支]

◎破除迷信并不能消除宗教。[西塞罗]

◎虔诚的人和不信神的人都常提到宗教，前者是提到他敬爱的，后者是提到他惧怕的。[孟德斯鸠]

◎缺乏信仰的学问不仅不能提高人，甚至把人降到低级动物的水平。

[契诃夫]

◎人没有信仰是活不下去的。[契诃夫]

◎如果迷上那种空中楼阁似的信仰，便会像染上一种不良的嗜好，毁掉一生。[罗曼·罗兰]

◎如果我们希望孩子们掌握一些东西，就不应对他们谈论宗教。

[卢梭]

◎谁为时代的伟大目标服务，并把自己的一生献给了为人类兄弟而进行的斗争，谁才是不朽的。[涅克拉索夫]

◎我们生而具有信仰。人承载着信仰，就像树承载着果实一样。

[梭罗]

◎我相信，信仰是我们一切思想的先进者，否定信仰，即等于反对我们一切创造力的精神源泉。[卓别林]

◎我一向憎恶为自己的温饱打算的人。人是高于温饱的。[高尔基]

◎信念就是生存的基础。[显克微支]

◎信仰，是人们所必需的，什么也不信的人不会有幸福。[雨果]

◎信仰不是逢场作戏，不是作为形式上的信仰，而是生平一贯地作为精神支柱的信仰。[池田大作]

◎信仰不是一种学问。信仰是一种行为，它只在被实践的时候才有意义。[罗曼·罗兰]

◎信仰和迷信是截然不同的东西。[帕斯卡尔]

◎信仰坚定的人是一刻也不会迷失方向的，他的灵魂将冲破炼狱的烈焰，直奔天堂极乐世界。[温塞特]

◎信仰就是一种感情,这种感情的力量,就同其他各种感情一样,恰好同激动的程度成正比。[雪莱]

◎信仰能欺蒙人,可是它有一个极大的好处:它使一个人的面貌添上一种神采。[泰戈尔]

◎信仰是辉煌的光,照遍周围也引导着人自身。[帕斯卡尔]

◎信仰是精神的劳动;动物是没有信仰的,野蛮人和原始人有的只是恐惧和疑惑。只有高尚的组织体,才能达到信仰。[契诃夫]

◎信仰是可以创造奇迹的。[马克·吐温]

◎信仰是理性的延长。[威廉·亚当]

◎信仰是力量的源泉。[卓别林]

◎信仰是没有国土和语言界限的,凡是拥护真理的人,就是兄弟和朋友。[亨利·希曼]

◎信仰是人类认识自己智慧的力量的结果。[高尔基]

◎信仰是人生的动力。[列夫·托尔斯泰]

◎信仰是相信我们未见的事物。[奥古斯丁]

◎信仰是心中的绿洲,思想的骆驼队是永远走不到的。[纪伯伦]

◎信仰是一种体验,并不是理由或思想。[仓田百三]

◎信仰是宗教的灵魂。[科尔顿]

◎信仰要求纪律,要求自觉地、甘心情愿地把自己的意志融合在志同道合者的共同意志中去。[显克微支]

◎信仰有异于迷信，若坚信信仰甚至于迷信，则无异于破坏信仰。

[帕斯卡尔]

◎要成就一件大事业，必须从小事做起。[列宁]

◎要期望奇迹的人，必须加强自己的信仰。[歌德]

◎一个人的活动，如果不是被高尚的思想所鼓舞，那它就是无益的、渺小的；就是粗鲁或蠢笨；没有高尚的情操，就是卑俗。

[车尔尼雪夫斯基]

◎一个人的信仰或许可以被查明，但不是从他的信条中，而是从他惯常行为所遵循的原则中。[萧伯纳]

◎在这个世界的事物中，不是信仰拯救了人类，而是信仰的缺乏拯救了人类。[富兰克林]

◎真正的信仰，被永恒之国家的使者播种，已经遍植人间。[但丁]

◎真正的宗教要求我们排除一切心灵的焦虑和思想的不安，以及一切灵魂的混乱和骚动。[奥古斯丁]

◎只有献身社会，才能找出那实际上是短暂而有风险的生命的意义。[爱因斯坦]

◎智慧是做事用的，对于灵魂说来，靠的是信仰。[高尔基]

行 动

　　临渊羡鱼不如退而结网。

——班固

◎垂大名于万世者，必先行之于纤微之事。[陆贾]

◎道虽迩，不行不至；事虽小，不为不成。[荀子]

◎该做的事情一定要立刻行动，现在做，马上就做。在行动中去发现、去纠正、去完善。[拿破仑]

◎没有行动，思想永远不能成熟为真理。[爱默生]

◎莫嫌海角天涯远，但肯摇鞭有到时。[袁枚]

◎那种一味期待而从不行动的人们，是滋生瘟疫的温床。[布莱克]

◎人生来就是为行动的，就像火光总向上腾，石头总往下落。对人来说，若无行动，也就等于他并不存在。[伏尔泰]

◎若你已有承担一切后果的准备，就能去做世上的任何事情。[毛姆]

◎生存的真谛在于行动。[莱布尼茨]

◎生活中最大的目的，并不是知识，而是行动。[赫胥黎]

◎我们的行动是唯一能够反映出我们精神面貌的镜子。[卡莱尔]

◎我一向认为，只有把善付诸行动才称得上是美的。[卢梭]

◎行动吧，因为只有在行动中才能说明你是什么。[萨特]

◎行动决定兴废去留，在行动中，我们才有所扬弃。[尼采]

◎要迎着晨光实干，不要面对晚霞幻想。[卡莱尔]

◎一步实际行动比一打纲领更重要。[马克思]

◎由于你不可能做到你所希望做到的一切，因此，你就应当做到你能够做到的一切。[泰伦提乌斯]

幸 福

有两条路可以得到幸福，即消除欲望或增加财富。
——富兰克林

◎不认为自己幸福的人，永远享受不到幸福。[贺拉斯]

◎不征服、不服从，而能获得所需的人，才是真正的幸福，真正的伟大。[歌德]

◎不知何为痛苦的人也就不懂何为幸福了。[拜伦]

◎打破了自己一切偏见的锁链的人是幸福的。[拉美特利]

◎大的快乐来自对美的作品的瞻仰。[德谟克利特]

◎当你追求幸福时，幸福往往逃避你；但当你逃避幸福时，幸福却又常常跟随你。[海伍德]

◎当幸福大得不能再大时，便产生微笑和眼泪。[司汤达]

◎德高望重的人，不论处在自由的境遇，或处在奴隶的境遇，常是幸福的。[布拉顿]

◎对大多数人来说，他们下决心有多幸福，就有多幸福。[林肯]

◎给比取更幸福。爱要比被爱更美妙，更使人幸福。[海塞]

◎根本没有毫无悲哀的纯粹的幸福。[塞万提斯]

◎共苦才是正义和人类爱的根本。[叔本华]

◎获得幸福的唯一途径，是忘怀"幸福"，把它以外的目的，作为人生的目的。[米尔]

◎祸和福是同门；利和害是相邻。[刘安]

◎家族的人互相联系在一起，才真正是这个人世唯一的幸福。

[居里夫人]

◎来生的幸福，如果也像现世一样被人了解得这么透彻的话，生存便变成痛苦的事了。[布朗]

◎劳动常常是幸福之母。[伏尔泰]

◎能把自己生命的终点和起点连接起来的人，是最幸福的人。[歌德]

◎能够为人民劳动，便是最大的幸福。[关向应]

◎能使你所爱的人快乐，是世界上最大的幸福。[罗曼·罗兰]

◎你想成为幸福的人吗？但愿你首先学会吃得起苦。[屠格涅夫]

◎人类一切努力的目的在于获得幸福。[欧文]

◎人人奢谈幸福。但是,却几乎没有一个人认识幸福。[罗兰]

◎人永远不是现在幸福,而是即将幸福。[波普尔]

◎如果工作对于人类不是人生强索的代价,而是人生的目的,人类将是多么幸福。[罗丹]

◎如果幸福在于肉体的快感,那么就应当说,牛找到草料吃的时候,是幸福的。[赫拉克利特]

◎如果有一天,我能够对我们的公共利益有所贡献,我就会认为自己是最幸福的人。[果戈里]

◎若是悲痛,就很难忍受;若是幸福,就恐怕失去。对人来说两者都是同样不幸。[布留伊艾尔]

◎塞翁失马,焉知非福。[刘安]

◎伸手要来的幸福是会逃走的。[阿兰]

◎世界上的事什么都能够忍受,唯有一连串幸福的日子,最难以消受。
[歌德]

◎思考的人最美丽的幸福是把研究的都加以研究,把无法研究的也静静地崇拜。[歌德]

◎所谓幸福的人,是指不以幸福为意的人。[芥川龙之介]

◎所有的人得到幸福,你会感到无限的幸福。[斯宾塞]

◎倘使你想获得幸福,就该学学怎样让别人高兴。[蒲莱尔]

◎通向幸福的道路只有一条，就是不要为不如意的事情烦恼。

[高尔基]

◎为了享受快乐的价值，各位必须把快乐跟他人分享。[马克·吐温]

◎为自己的幸福活着的人，低劣；为别人的意愿活着的人，渺小；为别人的幸福活着的人，高尚。[列夫·托尔斯泰]

◎我发现，幸福几乎总是辛勤工作的报酬。[格雷森]

◎我们得到的一切幸福都是劳动、辛苦、自我克制和学习的成果。

[萨姆纳]

◎我们在给他人幸福的同时，也成正比例地增加了自己的幸福。

[冰心]

◎我们在这人世间并非为了幸福，而是为了尽义务。[康德]

◎我相信幸福，我相信人类拥有创造幸福的能力。[海涅]

◎我学会了一种追求幸福的方法，那便是限制自己的欲望，而不设法去满足它们。[弥尔顿]

◎想不付出任何代价而得到幸福，那是神话。[徐特立]

◎幸福，那就是我们所寻找的绿洲，我们到相当遥远的远方找它，其实它时常在身边。[梅特林克]

◎幸福不是目的，而是一种副产品。[罗斯福夫人]

◎幸福存在于一个真正的工作中。[奥理略]

◎幸福的花朵就生长在我们自己家里的灶边，不需要到陌生的花园里去采摘。[费洛德]

◎幸福的诀窍，并不在于努力得到快乐，而是在努力中发掘快乐。
r［纪德］

◎幸福的斗争不论是如何的艰难，它并不是一种痛苦，而是快乐，不是悲剧，只是喜剧。［车尔尼雪夫斯基］

◎幸福的人常是善良的。［陀思妥耶夫斯基］

◎幸福的岁月就是失去的岁月。［普鲁斯特］

◎幸福都在健康里。［卡基斯］

◎幸福和学问一样，非经努力而不得。［克雷］

◎幸福生于"知忧"，祸患起于"逸乐"。［富兰克林］

◎幸福经常和勤勉的人为友，正如风和波浪跟杰出的驾驶者为友一样。
［史密斯］

◎幸福的人，是指生活得客观的人。也就是拥有自由的爱情和广泛兴趣的人。［罗素］

◎幸福是人类最后的目的和至善的总和，它赋予人类生命以真正的意义。［柏杨］

◎幸福是太多和太少之间的一个车站。［波洛克］

◎幸福是一个债主，借你一刻钟的欢悦，叫你付上一船的不幸。
［福楼拜］

◎幸福是指适合一个人的希望以及才能的工作状态。［拿破仑］

◎幸福通常是不唤自来,愈把它推开,它愈要挤过来。［洪堡德］

◎幸福真正的名字是"满足"。[阿米艾尔]

◎幸福只是不幸福的时间中间的间歇。[马奎斯]

◎一个人只想到自己的幸福不可能得到真正的幸福,人们相爱吧。

[列夫·托尔斯泰]

◎永远不要离开义务和荣誉的道路,这是我们得到幸福的唯一源泉。

[布丰]

◎有些东西你想多而没有,这是幸福不可缺少的一部分。[罗素]

◎愉快的生活,是由愉快的思想造成的。[牛顿]

◎在世界上,再也没有比感到自己是必要的更幸福了。[高尔基]

◎在学习中,在劳动中,在科学中,在为人民忘我的服务中,你可以找到自己的幸福。[捷连斯基]

◎在所有的不幸中,最不幸的是曾经幸福过。[波伊提乌]

◎这世间真正的幸福不是接受而是给予。[法朗士]

◎真正的幸福,唯一的幸福,理想的幸福,是蕴含在整个灵魂的平稳中的。[舒伯尔]

◎真正的幸福是眼睛绝对看不见的。真正的幸福,是蕴含在不同的东西中。[杨修]

◎只期盼少许,才能接近最高的幸福。[苏格拉底]

◎只有舍弃个人的一切,全心全意为人民劳动的人,才能理解真正的幸福。[丁玲]

◎只有在多少知道了究竟什么是幸福以后，才能使大多数人获得幸福。

[庞德]

◎只有整个人类的幸福才是你的幸福。[狄慈根]

◎最大的幸福在于我们的缺点得到纠正，和我们的错误得到补救。[歌德]